高等职业教育教材

电子商务系列

商品信息采编

龚琳玲 主编 张 迪 文婧羽 副主编

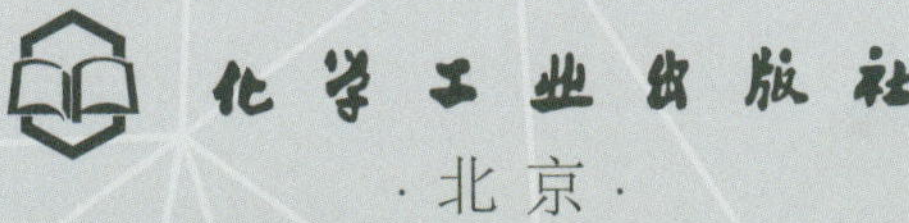

化学工业出版社

·北京·

内容简介

本书是高职高专电子商务系列教材之一，旨在让学生了解商品信息采编的基础知识，掌握图片拍摄、后期处理等技能，在此基础上，掌握对不同类型商品海报、主图、详情页的设计与制作方法，且能独立进行视频的剪辑与制作。全书共分为商品的基本拍摄方法、鞋包类商品、化妆 / 护肤类商品、数码类商品、食品类商品、服装类商品、视频剪辑制作七个学习项目，每个项目以完成某个类目下不同素材工作任务为目标，按具体工作流程分解为多个任务点，每个任务下设置同步实训，形成由浅入深的课程架构。学生在掌握商品信息采编必备理论知识、基本流程、相关技能的同时，可以获得相应的学习能力和设计美化能力。本书配套二维码，扫码可观看操作视频，相关素材可在我社教学资源网（www.cipedu.com.cn）下载。

本书可作为高校商品信息采编课程的基础教材，也可作为社会电商行业已从业或预从业者的学习材料。此外，对于网店经营者和其他从事图形图片拍摄与设计实践工作的读者也具有重要的参考价值。

图书在版编目（CIP）数据

商品信息采编/龚琳玲主编. —北京：化学工业出版社，2020.12

ISBN 978-7-122-37940-5

Ⅰ.①商… Ⅱ.①龚… Ⅲ.①电子商务-商品信息-信息处理-高等学校-教材 Ⅳ.①F713.365

中国版本图书馆CIP数据核字（2020）第209641号

责任编辑：王　可　蔡洪伟　王　芳　　　装帧设计：张　辉
责任校对：宋　玮

出版发行：化学工业出版社（北京市东城区青年湖南街13号　邮政编码100011）
印　　装：北京缤索印刷有限公司
787mm×1092mm　1/16　印张 $14^1/_4$　字数388千字　2021年8月北京第1版第1次印刷

购书咨询：010-64518888　　　售后服务：010-64518899
网　　址：http：//www.cip.com.cn
凡购买本书，如有缺损质量问题，本社销售中心负责调换。

定　　价：68.00元

前　言

近年来，电子商务应用不断深入，从对服务的改造渗透到传统制造企业的升级，从发达城市的电商普及下沉到各地县域的电商开发。然而，电子商务人才问题仍然是各地区、各行业面临的重大瓶颈，如何打造一批能适应新技术和新模式快速涌现的实操型人才，是电商龙头企业和相关高等院校的共同课题。据不完全统计，我国各类电子商务人才缺口达数百万之多。

本教材从人才培养实用性出发，从资深网店美工角度阐述专业课程内容。全书通过 7 个项目从不同产品类型维度进行编写，使读者能深入了解商品信息采编知识，掌握针对不同类型产品进行拍摄的技巧，并指导学生对自己所拍摄产品的图片进行后期处理，从而呈现更好的图片效果，为店铺引流做铺垫。

总的来说，本书具有以下编写特色。

（1）从基础起步，循序渐进。以美工初学者为对象，内容涵盖商品信息采编涉及图片的各个方面，深入浅出，简单易学。

（2）内容丰富，专业指导。在全面掌握商品拍摄基础知识和技能的同时，掌握后期处理与构图设计。

（3）举一反三，轻松掌握。深入剖析商品信息采编需具备的专业技能，使读者不仅能轻松掌握具体的操作方法，还可以做到举一反三，融会贯通。

（4）经验丰富，倾囊相授。本书所讲的技巧与方法都来自资深网店美工从业者，能够帮助读者切实提高专业技能。

（5）配套完整，流程细致。为方便和加深读者对知识与技能操作的理解，本书全程图解剖析，流程细致。书中配套二维码，扫码可观看操作视频，其他相关素材可在我社教学资源网（www.cipedu.com.cn）下载。

本书可作为高校商品信息采编的基础教材，也可作为社会商品信息采编已从业或预从业者的学习材料。此外，对于网店经营者和其他从事图形图片拍摄与设计实践工作的读者也具有重要的参考价值。

本书由龚琳玲任主编，负责全书架构设计和统稿，张迪、文婧羽任副主编。龚琳玲负责编写项目一、项目二、项目三中任务一，张迪负责编写项目四、项目五、项目七，文婧羽负责编写项目三中任务二和项目六。

由于编者水平有限，书中难免存在疏漏与不妥之处，望广大读者给予指正。

编 者

2021 年 3 月

目　录

项目一

商品的基本拍摄方法

商品摄影是以商品为主要拍摄对象的一种摄影，通过反映商品的形状、结构、性能、色彩和用途等特点，激发顾客的购买欲望。随着经济的不断发展，商品拍摄已经成为广告传播的一种重要手段和媒介。

网店商品摄影，属于商品的平面广告摄影范畴，应在特定的场景中运用特定的布光造型用相机表现商品的造型特色。针对不同商品，拍摄时需要考虑的方式技巧也不同，本项目将从认识单反和镜头的重要参数、使用方法及灯具和光线的类型、商品拍摄构图的总体认识这几个方面来讲述商品拍摄的一系列工作流程，进而介绍商品的基本拍摄方法与技巧。

【学习目标】

1. 知识目标

（1）了解单反的基本参数与使用方法；

（2）认识闪光灯及其附件的使用；

（3）了解商品拍摄构图、色彩搭配及布光的基本概念。

2. 能力目标

（1）能够掌握单反相机的基本操作方法；

（2）能够正确使用拍摄灯具和光线类型；

（3）熟练掌握商品拍摄构图、色彩搭配和布光方法；

（4）掌握不同商品拍摄的基本方法及技巧。

【任务分解】

任务一　认识单反

一、单反与镜头

单镜头反光式取景照相机（Single Lens Reflex Camera，缩写为 SLR camera）又称作单反相机。它是用单镜头并通过此镜头反光取景的相机。所谓“单镜头”是指摄影曝光光路和取景光路共用一个镜头。取景时反光镜落下，将镜头的光线反射到五棱镜，再到取景窗；拍摄时反光镜快速抬起，光线可以照射到感光元件 CMOS 或 CCD 上。

（一）单反相机的分类

1. 入门级数码单反相机

对于刚刚接触数码相机的人而言，除了费用负担不能过大，还需要一定时间熟悉数码相机相关使用方法，因此入门级数码单反相机最合适。这类相机外观时尚精致，制作工艺精良，功能设置方便快捷，加上可更换专业镜头，功能实用，摄影中所用功能几乎都具备，像素也不亚于专业数码单反相机，可称得上“物美价廉”。如图 1-1、图 1-2 所示。

图 1-1　佳能入门级数码单反相机 EOS550D+

图 1-2　尼康入门级数码单反相机 D60

2. 中级数码单反相机

中级数码单反相机相较于入门级数码单反相机性能有了很大的提升，这些得到提升的性能包括连拍速度、最大快门速度、对焦准确度、测光模式、制作精度、耐久性和取景性等。并且，由于中级数码单反相机周边对焦点精度非常高，不仅“多点对焦”的性能大幅提高，而且构图范围也大大拓展，可以拍摄出更加丰富多彩的照片。如图 1-3、图 1-4 所示。

图 1-3　佳能中级数码单反相机 EOS 50D+

图 1-4　尼康中级数码单反相机 D90

3. 准专业级数码单反相机

准专业级数码单反相机最显著的优势就是有一部分使用了全画幅感光元件，所以在画质方面有了很大程度的提高，特别是使用高感光度和在弱光环境下拍摄优势明显，这可是前两种类型的相机所无法比拟的。佳能 EOS 5D Ⅱ 2110 万像素的全画幅 CMOS 感光元件带来极致、精细的表现力，如图 1-5 所示；图 1-6 为性能与前者相近的尼康 D700。

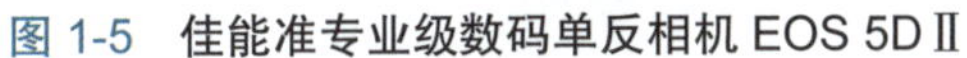
图 1-5　佳能准专业级数码单反相机 EOS 5D Ⅱ

图 1-6　尼康准专业级数码单反相机 D700

4. 专业级数码单反相机

专业级数码单反相机集最新技术于一体，几乎拥有职业摄影师所需要的全部功能。专业型数码单反相机采用坚固耐用的各种材质，全金属外壳，具有高于 15 万次的快门使用寿命、惊人的画质、极快的反应速度、超高感光度、系统功能的高度集成化，以及 100% 取景视野和超强防水、防尘等功能。同时，专业型数码单反相机还拥有更为准确的多点双十字对焦系统，可应付高速对焦操作，受到了众多职业摄影师的喜爱。尼康 D3x 拍摄色彩还原真实，画质细腻，层次丰富，如图 1-7 所示。具备同样性能的还有佳能 EOS 1DsⅢ，如图 1-8 所示。

图 1-7　尼康专业级数码单反相机 D3x

图 1-8　佳能专业级数码单反相机 EOS 1Ds Ⅲ

（二）镜头的选择

1. 单反镜头分类

（1）广角镜头。广角镜头指焦距在 35mm 以下的镜头。一般来说，24mm 以下的镜头都称为超广角镜头。但是市面上绝大多数数码单反都不是全幅数码单反，镜头焦距要乘以 1.5 或者 1.6，所以，对于这类单反相机来说，16mm 的才能算超广角镜头，如图 1-9 所示。

图 1-9 广角镜头

（2）**标准镜头**。焦距是 50mm 或者 85mm。50mm 的镜头视角跟人眼最接近，因此被称为标准镜头。但也正因为如此，想用好标准镜头很难，因为它不像超广角或者微距镜头那样，能拍出人眼无法感受到的画面，如图 1-10 所示。

图 1-10 标准镜头

（3）**中长焦镜头**。中长焦镜头一般是 100mm 或者 135mm。其中 100mm 的镜头一般是微距镜头；135mm 的镜头也是人像镜头，只不过侧重于半身人像；85mm 更侧重于全身的人像。

焦距在 200mm 以上就是长焦镜头了。其实这个焦段的镜头用处很广，可以拍摄风景、人像，或者是生态摄影。但是，这类镜头通常都又大又沉，且缺少防抖帮助，使用时限制很多，所以实际使用机会并不特别多，如图 1-11 所示。

2. 镜头焦距与规格

焦距，是光学系统中衡量光的聚集或发散的度量方式，指平行光从透镜的光心到光聚集焦点的距离。焦距亦是指照相机中，从镜片中心到底片或 CCD 等成像平面的距离。具有短焦距的光学系统比具有长焦距的光学系统有更强的聚集光的能力。简单地说，焦距是焦点到面镜的顶点之间的距离。

图 1-11 **中长焦镜头**

镜头焦距规格分类较常见的有 8mm、15mm、24mm、28mm、35mm、50mm、85mm、105mm、135mm、200mm、400mm、600mm、1200mm 等，还有长达 2500mm 的超长焦望远镜头。

3. 镜头选择方法

（1）质素先决

① 从镜片数量衡量。定焦镜头被公认质素好。由于可以变焦，镜片增加也无可厚非。不过镜片越多也越容易带来一些问题，如色差，由于内部折射次数增加，光波散射偏离光轴的机会增多，更易在高反差时出现紫边。此外，锐度也会因为经过多重镜片而不断打折扣。所以要追求画质，定焦镜头是首选。

② 从镜片质素衡量。镜片太多会影响画质，也不是绝对的。镜片质素本身也是一个重要的考虑条件。高级变焦镜头会使用高质素镜片如萤石、超低色散镜片及纳米镀膜等方法去改善透光及折射表现，就算镜片数量多，也可以确保画质。

③ 从收缩光圈后的表现衡量。光圈大小也会影响镜头表现。通常收小光圈，锐度会有所提升，眩光问题也能减少。一般收小两级光圈，已达最佳线数，凭肉眼未必能分辨出是来自定焦镜头还是变焦镜头。一般标准变焦镜头表现力也不错，不过由于成本不同，镜片质素及修正能力不能与高级镜头相比，要尽量收缩光圈才能达到较佳画质。所以，定焦镜头本身已经提供了一定的质素保证。

（2）灵活先决。天涯镜泛指变焦倍数 10 倍或以上的变焦镜头。天涯镜相比一般变焦镜提供更大的焦段范围，覆盖广角至长焦段，一般都以 18mm 开始，最长焦段在 200 ～ 270mm 之间。可用长焦拍移动的物体。天涯镜与恒定光圈的变焦镜头相比，重量轻是绝对优势，几乎可以相差一倍。加上焦段变化灵活，仍然值得考虑。

（3）可持续发展。APS-C 是单反相机较普及的型号，但镜头不能和全画幅相机共享，所以如果日后打算升级，在购买镜头时要想清楚是买 PS-C 还是全画幅镜头。遇到该问题，要认清楚相机系统设计。不少 APS-C 镜头的成像圈本来就不能覆盖全画幅，装上后会出现四边暗角问题。对于 APS-C 相机的用户来说，广角镜头的选择比较麻烦，为达到所需焦段，仍要买 APS-C 镜头。

二、快门光圈感光度

（一）快门

快门是相机用来控制感光片有效曝光时间的组件，是相机的一个重要组成部分，它的结构、形式及功能是衡量相机档次的一个重要因素。一般而言，快门的时间范围越大越好。

1. 控制进光量

快门有控制进光量的作用。在光线充足的情况下可以适当地提高快门速度来捕捉精彩瞬间。在夜晚或者暗光环境下就要适当减缓快门速度，来保证相机有足够的曝光。一般来说，相机在显示快门速度时为了方便只显示分母，即 1/250s 显示为 250，1/50s 显示为 50，然而 5s 显示为 5″。手持相机拍摄时快门速度不能低于 1/30s，不然很容易因为抖动而拍虚，如果必须要使用慢速快门，那最好给相机配备一个三脚架。快门速度越快，光线通过时间越短，画面越暗；快门速度越慢，光线通过时间越长，画面越亮，如图 1-12 所示。

图 1-12 不同快门速度下拍摄照片的对比

2. 影响拍摄效果

快门不仅能控制通光量的多少，还能使照片呈现不同效果。高速快门一般用作捕捉物体瞬间的美，如在拍摄转瞬即逝的画面或拍摄运动速度较快的物体时就要用高速快门，如图 1-13 所示。

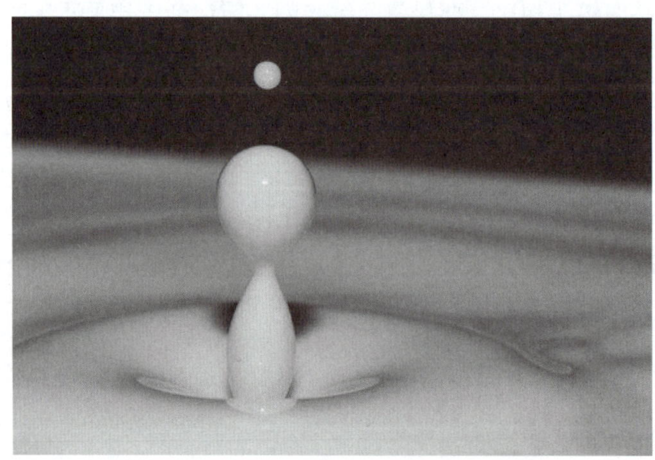

图 1-13 快门抓拍瞬间的效果

较低的快门速度能拍摄出过程美，当要拍夜晚的车水马龙时，快门时间就要拉长，常见的照片中丝绢般的水流效果也要用慢速快门才能拍出来。快门时间可手动调节，有时甚至可达到几小时，如图 1-14 所示。

图 1-14 快门展现过程美

因此，相机快门速度越快，越能抓拍瞬间，表现瞬间美；快门速度越慢，越能捕捉过程，表现过程美。

（二）光圈

光圈是镜头的一个极其重要的指标参数，光圈通常设置在镜头内。光圈大小决定着通过镜头进入感光元件光线的多少，常用 F 值来表示光圈大小。光圈叶片如图 1-15 所示。

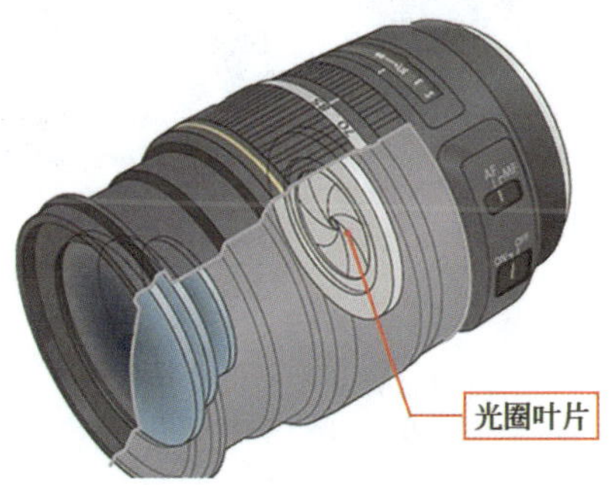

图 1-15 光圈叶片

1. 控制进光量

光圈作为相机镜头内的一个元件，它的作用是控制透过镜头进入机身内感光元件的光量，所以光圈的功能就是控制进光量的多少。完整的光圈值系列如：F1.0，F1.4，F2.0，F2.8，F4.0，F5.6，F8.0，F11，F16，F22，F32，F44，F64。图 1-16 可以说明不同数值的光圈和它孔径大小的关系。

光圈 F 值越小，通光孔径越大，在同一单位时间内的进光量便越多；光圈 F 值越大，通光孔径越小，在同一单位时间内的进光量便越少。在拍摄照片时，进光量的大小直接决定着画面的明暗，在相同曝光时间里光圈大的进光量就多，光圈小的进光量也就少，如图 1-17

所示，光圈的数值越小，光圈孔径越大，进光量越多，画面也就越明亮；光圈的数值越大，光圈孔径越小，进光量越少，画面也就越灰暗。

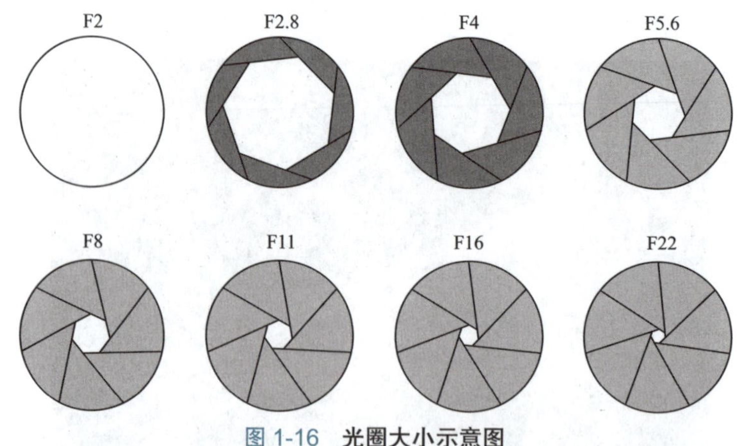

图 1-16 光圈大小示意图

(a) 50mm F1.4　(b) 85mm F1.8　(c) 100mm F2.8

图 1-17 不同光圈拍摄对比

2. 控制景深

在使用相机进行拍摄时，调节相机镜头，使与相机有一定距离的景物清楚成像的过程被称作对焦，景物所在的点被称为对焦点，因为“清楚”并不是一种绝对的概念，所以，对焦点前（靠近相机）、后一定距离内的景物的成像是清楚的，这个前后范围的总和，就称为景深。只要在这个范围之内的景物，都能清楚地拍摄到，超过这个范围就不能清楚地拍摄到。另外，前景深小于后景深，即精确对焦之后，对焦点前面只有很短一点距离内的景物能清楚成像，而对焦点后面很长一段距离内的景物都是清楚的，前后景深的距离比例约为 1 : 2。

光圈越小（即 F 数值越大），景深就越大；光圈越大（即 F 数值越小），景深就越小。为保证曝光正确，以下照片都使用 A 挡拍摄，逐级改变其光圈大小，如图 1-18、图 1-19 所示。

因此，光圈数值越小，光圈孔径越大，景深越浅，背景虚化越明显；光圈数值越大，光圈孔径越小，景深越深，背景虚化越不明显。

图 1-18　照片 1（焦距：50mm　光圈：F/1.8　ISO 感光度：320
曝光时间：1/2500　曝光补偿：–0EV　白平衡：自动）

图 1-19　照片 2（焦距：50mm　光圈：F/2.8　ISO 感光度：320
曝光时间：1/1250　曝光补偿：–0EV　白平衡：自动）

（三）感光度

感光度（ISO）是指相机感光器对光线的反应速度。感光度、光圈、快门，是拍摄时决定曝光的三大要素。ISO 是衡量相机捕光能力的指标。相机将投向影像感应器的光线转成电子信号进行处理，通过增强信号可提高 ISO，如图 1-20 所示。

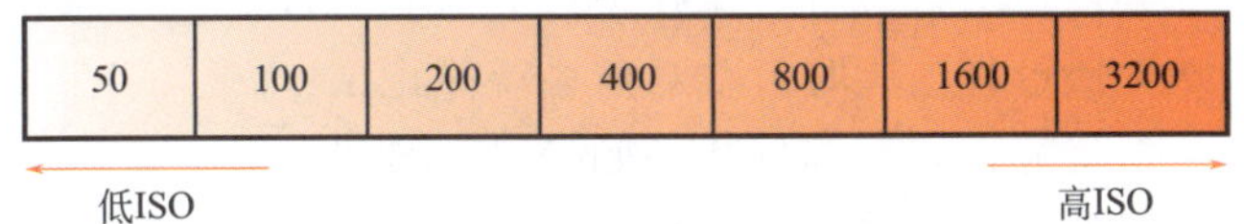

图 1-20　感光度示意图

1. 低感光度

ISO 200 以下为低感光度。在这一段可以获得极为平滑、细腻的照片。只要能够把照片拍清楚，就尽量使用低感光度，只要能够保证景深，宁可开大一级光圈，也不要把感光度提高一挡。

2. 中感光度

ISO 200 ～ ISO 800 属于中感光度。在这一段，需要认真考虑照片做什么用，要放大到什么程度，假如能够接受噪点，中感光度设定降低了手持相机拍摄的难度，提高了在低照度条件下拍摄的安全系数，使成功率提高。

3. 高感光度

ISO 800 以上是高感光度，这时噪点会比较明显，高感光度拍摄的题材内容的重要性会超过影像的质量，毕竟有时拍摄条件太差，拍到一张质量稍差的照片总比根本捕捉不到影像好。如图 1-21 所示，同等拍摄环境下，低感光度比高感光度拍摄得更清晰。

图 1-21 不同感光度的拍摄效果对比

三、对焦模式、驱动模式、拍摄模式

（一）对焦模式

单次自动对焦（One Shot）是最为常用的一种模式。这种模式的工作过程通过半按快门来启动，在焦点未对准确前，对焦过程一直在继续。一旦处理器认为焦点准确，只要将快门完全按下就完成了一次拍摄过程，同时自动对焦系统停止工作。

单次自动对焦适合拍摄静止不动的物体，如静物、风景、微距、静态人像等。

与单次自动对焦不同的是，连续自动对焦在处理器判断对焦准确后，自动对焦系统仍会继续工作，焦点也没有被锁定。目的在于当被摄体移动时，自动对焦系统能够实时根据焦点的变化驱动镜头马达持续对焦，从而使被摄体一直保持清晰状态。当然，相机的对焦框也要持续对准被摄体，这样在完全按下快门的时候，就不用担心被摄体对焦不准确的问题了。

连续自动对焦多用于拍摄运动中的物体，比如拍摄体育比赛中的运动员、玩耍中的儿童、新闻发布会中的发言人以及运动中动物的精彩瞬间等。并且，结合高速连拍功能就可以轻松地拍摄出一组动态照片。

智能自动对焦是一种相机可根据被摄主体的状态（静止或运动）自动选择对焦的模式。这种将单次自动对焦和连续自动对焦结合起来的方式，折中地解决了上面提到的问题，因此更适合在被摄体体动静状态不定的情况下使用。

（二）驱动模式

① 单拍：是最常用的拍摄方式。

② 连拍：配合自动对焦模式中的 AIFOCUS（人工智能自动对焦）和 AISERVO（人工智能伺服自动对焦）对运动物体拍摄相当有效。

③ 自摄 / 遥控：按动快门以后大概延时 10s 后拍摄 / 使用遥控器来拍摄。

④ 自动延时拍摄：设置为 2s 延时，常用于上架拍摄夜景。

⑤ 自动定时器连拍：按动快门以后大概延时 10s 后开始连拍，张数也可设置。

（三）拍摄模式

① AV 挡（光圈优先）。是光圈由拍摄者确定，快门由相机根据测光结果自动确定的一种拍摄模式。建议初学者首先学习这种模式。该挡最大的优点是便于自己控制光圈和焦段的大小来达到合适的景深。

② TV 挡（快门优先）。由拍摄者确定快门，由相机根据测光结果自动确定光圈的一种拍摄模式。由自己控制快门，可以至少达到安全快门，拍摄运动物体比较好，还常用于使用闪光灯时的拍摄，在 1/200s 前帘同步的时候比使用其他挡要好得多。

③ P 挡（程序模式）。光圈和快门都由相机根据测光结果自动决定，多是新手在没把握的情况下采用，可以保证片子清晰，但会缺少拍摄者的创意。使用这一模式的时候需要注意的是测光方式的选择，不同的测光方式对片子的结果影响很大，一般来说多采用评价测光。

④ M 挡（手动模式）。这是最具创意的模式，也是全手动相机的魅力所在。拍摄者可以自由设置光圈、快门、禁用闪光灯等项目，拍摄出高调、暗调等特殊的片子。M 挡也是夜景拍摄的最佳模式。初学者学习时，可由 AV 模式逐渐向 M 模式过渡。

⑤ A-DEP 挡（自动景深自动曝光）。9 个对焦点同时通过对焦来检测并决定景深和经过测光来自动决定曝光量的一种拍摄模式。但是，景深终究还是由拍摄者自己决定为好。

⑥ B 挡。类似于 M 挡，当快门需要低于相机预设最低快门速度时，需要切换到 B 挡才能获得更长的快门时间。也就是我们常说的慢门。

四、色温与白平衡

（一）色温

在拍照时会遇到颜色不对的情况，如偏黄、偏蓝等，这是由相机侦测色温产生的。色温就是颜色的“温度”，颜色有冷暖之分，从直觉观察，暖色调偏红黄，冷色调偏青蓝，单位就以 Kelvin（K）表示。打开相机的设定选项，在白平衡（WB）中就有调校色温的选项。

1. 冷暖色的区分

在日常生活中会遇到不同类型的光线，太阳光、灯胆光、光管光、蜡烛光等摄影领域常见的光线色温值在 2000 ～ 10000K 之间，以 5000 ～ 5600K 为中性的色温点，如正午阳光；偏暖色为低色温，见红光较多，如烛光及灯胆光为 2000 ～ 3000K；而偏冷色为高色温，见蓝光较多，大约是 7000K 或以上，如阴天密云下的光线。不同光源产生不同的色温，会影响到拍摄对象的色彩表现，如图 1-22 所示。

钨丝灯（2500~3200K）

碳棒灯（4000~5500K）

荧光灯（4500~6500K）

日光（平均）（5400K）

有云天气下的日光（6500~7000K）

阴天日光（12000~18000K）

图 1-22　不同色温下拍摄的效果

2. 相机色温的设置

色温在相机的白平衡选项中设置，白平衡中内置了多个选项，如白炽灯、荧光灯、阴天、直射阳光等，当然也包括自动白平衡和手动调节色温，如图 1-23、图 1-24 所示。

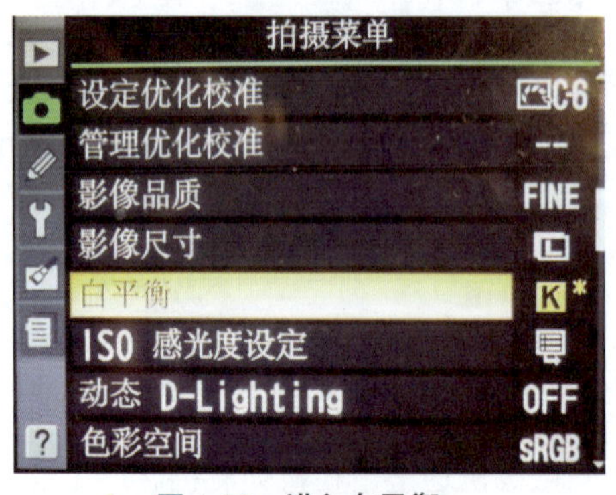

图 1-23　进入白平衡

图 1-24　选择色温

相机内色温高于拍摄现场色温，画面色调偏红；相机内色温低于拍摄现场色温，画面色调偏蓝；相机内色温等于拍摄现场色温，画面色调正常。以现场色温为标准，把相机内色温往上加，照片就偏红，把相机内色温往下减，照片就偏蓝。

（二）白平衡

白平衡是以 18% 中级灰的“白色”为标准，让单反相机在不同光线环境中拍出来的照片色彩要尽可能还原标准“白色”。设置白平衡的过程就是矫正照片偏色的过程。不同品牌和档次的相机有不同的预设白平衡模式，所以各类相机的白平衡预设值也各有不同，如图 1-25 所示。

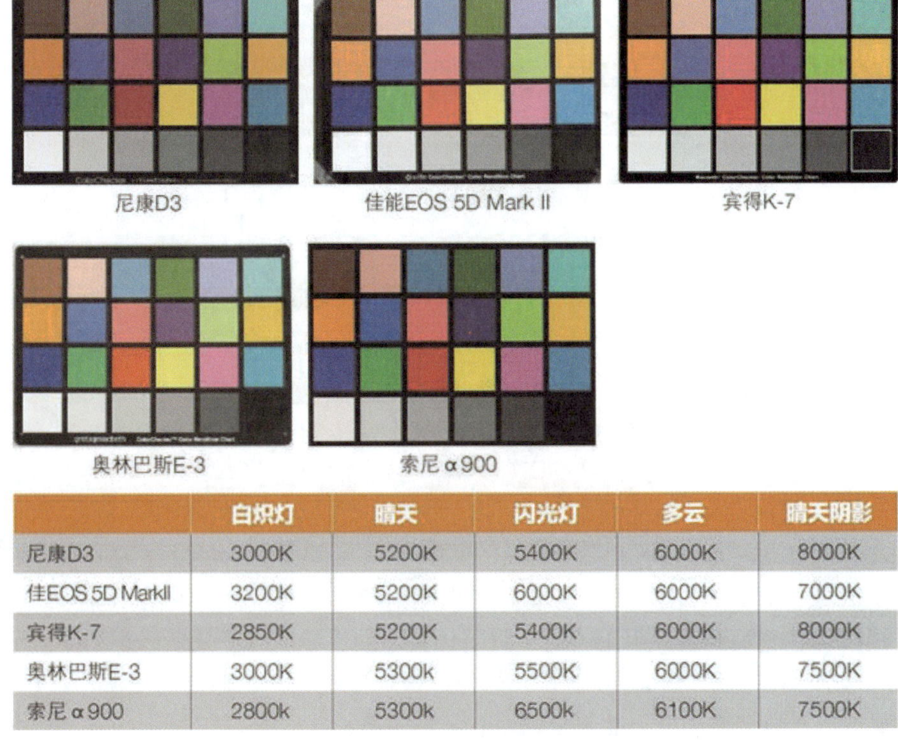

	白炽灯	晴天	闪光灯	多云	晴天阴影
尼康D3	3000K	5200K	5400K	6000K	8000K
佳EOS 5D MarkII	3200K	5200K	6000K	6000K	7000K
宾得K-7	2850K	5200K	5400K	6000K	8000K
奥林巴斯E-3	3000K	5300k	5500K	6000K	7500K
索尼α900	2800k	5300k	6500k	6100K	7500K

图 1-25 部分相机白平衡预设值对比

1. 自动设定白平衡

如今单反相机几乎都至少有 5 种以上的白平衡模式，如自动、日光、阴影、阴天、钨丝灯、白色荧光灯、闪光灯等，不同品牌相机内置模式名称也不同。其中自动白平衡是使用最多的方法，而在平时日光正常的拍摄环境下，这一模式的确可以满足大家的拍摄需求，如图 1-26 所示。

图 1-26 自动白平衡模式

2. 手动设定白平衡

（1）根据计算的调整值调整白平衡。手动白平衡在抓拍快照时很少使用，多用于强调还原色彩的商品摄影中。各品牌相机的操作方法不同，但原理一样：开启手动白平衡，拍摄镜头前的白纸。白平衡系统会将白纸“去色”，即去掉现场光源颜色的影响，以此调整白平衡，如图 1-27 所示。

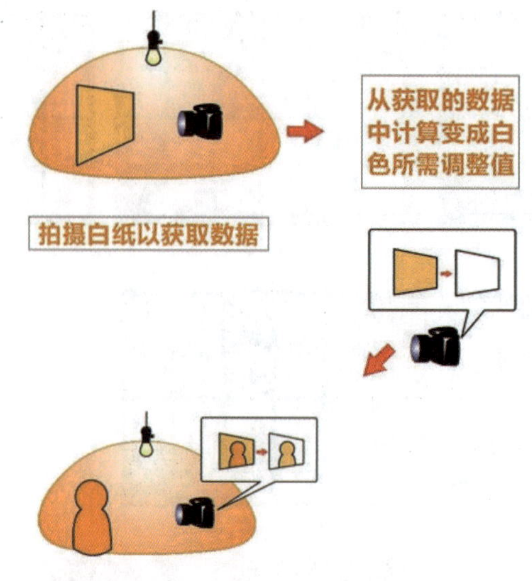

图 1-27 根据计算的调整值调整白平衡

（2）通过彩色滤镜调整白平衡。由于数码化技术的进步，用于颜色修正的滤镜销量减少，而保护镜和偏振滤镜的销量则稳步增长。此外，极端情况下，如通红的光源，经过滤镜校正的数码相机的白平衡调整功能，能更正确地对其进行修正，如图 1-28 所示。

图 1-28 彩色滤镜调整白平衡

任务二 认识灯具及光线的类型

一、闪光灯、LED 补光灯与常亮灯

（一）闪光灯

1. 闪光灯模式

闪光灯模式是指在外置闪光灯身上常见的不同闪光灯用法。如图 1-29 所示，为一般闪光灯的显示界面。

图 1-29　闪光灯显示界面

M（Manual Mode）：由摄影者全手动地控制闪光灯的输出光量。如果拍摄对象不会移动，这种恒定的输出光量则变相提供了一个很稳定的光源，因此适合固定环境下拍摄。

A（Auto Mode）：闪光灯根据闪灯机身上的感光器对现场环境光暗的测定，加上机身数据（焦距、光圈、ISO）计算出需要输出的光量。因此镜头加上滤镜的效果，不能加入闪光灯运算输出光量的过程中，此外闪灯感光器须对着主体，所以只适合“直打”，不适用于加上配件。

TTL（Through The Lens Mode）：闪光灯对输出光量的计算是根据相机机身测光而定，所以镜头加入滤镜后的光量变化效果亦能计算在内。TTL 的好处是在光线变化的环境中比较灵活，但在固定环境下，轻微偏差也会导致输出不一致。

2. 内置闪光灯

内置闪光灯就是相机本身带有的闪光灯，一般亮度比较小，也叫机载闪光灯。目前几乎所有相机都有内置闪光灯。高级单反由于比较专业，没有机载闪光灯。闪光灯属于瞬间点光源，光度的强弱受照射距离影响，拍摄距离越近越强，越远则越弱。内置闪光灯照明的有效距离十分有限，只有 2.5 ～ 3.5m，如图 1-30 所示。

图 1-30　内置闪光灯

3. 外置闪光灯

外置闪光灯是指需要另外购买并安装于相机热靴（Hot Shoe）上的闪光灯。相较于内置闪光灯，这种外置闪光灯可以有较强力的输出，而且可以改变其照射角度以便营造各种灯光效果。外置闪光灯亦可以加上滤色纸，以改变闪光色温，来配合现场环境的白平衡，如图1-31所示。

图 1-31 外置闪光灯

4. 闪光模式的设置

闪光模式的设置通常至少包括3种基本方式，即“自动”“强制闪光”“无闪光”，且多数相机会另加1～2种特殊模式，即“防红眼”“慢速”的之一或全部。在操作方式上一般由一个按键就可以控制，少数机型要配合菜单选择某些模式，使用前要仔细查看一下，如图1-32所示。

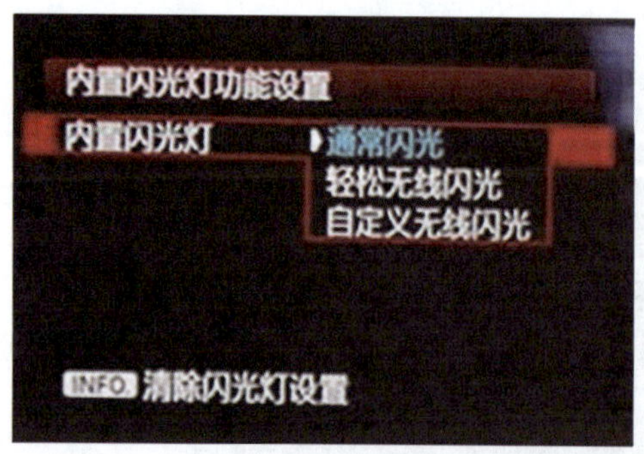

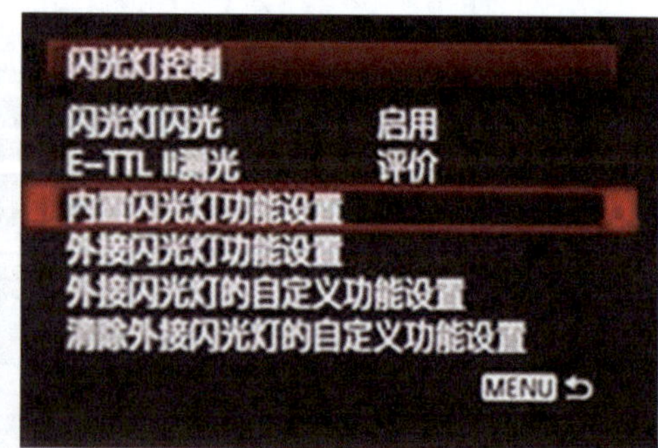

图 1-32 闪光灯模式设置

（二）LED补光灯

LED补光灯是一种固体发光器件，也称发光二极管，靠小电流驱动半导体器件发光，耗电小，稳定高，但是亮度相对较弱一些。发热少，散热好。基于此特性，LED补光灯可以在很大程度上减少照度流失并且提供光效，如图 1-33 所示。

图 1-33　LED 补光灯

1. 根据照射距离选择

照射距离和 LED 灯珠数量及单个 LED 灯珠亮度有关。常见 LED 摄影补光灯采用两类 LED 灯珠：一种是大功率灯珠，一个摄影灯只需要几个 LED 灯珠，就能达到照度要求；另一种是直径 5mm 的小灯珠，单只灯珠功率较小，需要较多数量的灯珠，才能满足照度要求。拍近距离影像时，一般能达到 5m 左右即可；如需拍摄远景，就要有聚光功能的 LED 摄像灯，需要远距离照明时，通过聚光透镜（也有直接使用聚光灯珠的 LED 摄像灯），可以照得更远。然而聚光也有它的缺点，即照射到被摄物体是一个光点，就像手电筒一样，中间很亮，周围则较暗。

2. 根据色温选择

LED 灯色温有 5000K 左右的，偏暖一些，也有 6000K 左右的，偏冷一些，可以根据自己的喜好和拍摄需求进行选择。

3. 根据照明时间选择

LED 灯的照明时间从几十分钟到几个小时不等，照明时间长短与使用的电池及灯珠数量有关，拍摄者可以根据实际情况选择使用。

（三）常亮灯

闪光灯只在拍照的一瞬间闪光，常亮灯（摄影灯）则可以持续照明。从效果来看，常亮灯通常都比闪光灯的效果更好，所以专业摄影棚一般都用常亮灯。在视频拍摄时闪光灯完全无用，所以必须用常亮灯，如图 1-34 所示。

常亮灯很好用，和室外日光下的拍摄效果一样，看到的效果就是拍摄出来的效果，测光也可以用机内测光来判断。现在色温接近日光的太阳灯性能越来越稳定了，但亮度还不够高。用得最多的就是如图 1-35 所示的大功率常亮灯，从 100W 到 5000W 都有，标准的摄影棚都配备总量为 2500W 左右的灯（3 ～ 5 盏），这样就可以完成大部分商品拍摄。

图 1-34 常亮灯（摄影灯）

图 1-35 大功率常亮灯

专业常亮灯色温非常稳定，采用海漫管的灯可以长期稳定地工作在 5500K 左右，配合日光型胶卷可以完美再现被摄物的色彩，而且光量大，可以选用极小光圈，有利于商品拍摄所需要的大景深。

二、灯附件

（一）柔光用具

这里说的灯光质量是指灯光的柔软度和强弱度。在灯光使用过程中，可以通过很多方式改变灯光的性质。

大多数被摄物在柔光状态下会显得更加完美，如果拍摄者想要制造合适的柔光效果，就要使用柔光箱、反光板、标准反光罩。

1. 柔光箱

柔光箱由反光布、柔光布、钢丝架、卡口组成。

柔光箱与影室灯之间用卡口对接，所以柔光箱有各种形式的卡口，可以适配各种不同的影室灯。还有万用卡口柔光箱，可以在任何影室灯上使用。万用卡口，虽然什么灯都能装，但一定没有一对一专配的好。柔光箱可拆卸、折叠，折叠以后方便包装和运输，使用时要打开撑起，然后再安装在影室灯前方，让影室灯发出的光从柔光箱透射出来，如图 1-36 所示。

图 1-36　柔光箱

2. 反光板

反光板是拍摄时使用的辅助工具，由锡箔纸、白布等材料制成。反光板在外景起辅助照明作用，有时作主光用。不同的反光表面，可产生软硬不同的光线。常用的有银反光板，日光灯、频闪灯等主光源为 1 灯时，轻便而效果好。近摄使用的反光板，如图 1-37 所示。

反光板的使用：在外景拍摄时，逆光与侧光是经常遇到的情况，甚至是外拍时不可或缺的用光方法。但逆光和侧光不可避免地会出现诸如阴阳脸或背景曝光准确但皮肤显得暗哑毛糙没光泽的情况，就必须用反光板进行补光。

在外景的阳光之下，任何灯光都显得微不足道。距离不够，补光效果就不够好；而故意拉近距离就会补光太硬，不好控制或穿帮。这时反光板能够反射强烈阳光的优越性便体现出来，常用反光板一般有金色和银色两面。在外景拍摄中，一般常用银色那一面。

图 1-37 反光板

如图 1-38 所示，在同一曝光数值下：左图是没有反光板的效果，脸色显暗沉；中图是用银色面反光效果，背景正确曝光的前提下提亮皮肤并显得白皙水嫩；右图是用金色面反光效果，同样反光距离下反光能力较银色面反光稍弱，另外显得皮肤发黄。

图 1-38 不同光线下人像拍摄对比

3. 标准反光罩

标准反光罩是经常使用的一种反光器，可以大大提高灯具的光的利用率，使灯具效率大大提高。反光罩的形状，主要指对光线的反射角度等，决定了反光罩对光源为非直射光的处理能力。综合来说，反光罩的材料和形状决定了灯具的输出效率和输出光通量；而反光材料的优劣、反光率的高低、光衰等直接决定反光罩的质量，如图 1-39 所示。

安装标准反光罩时注意，通过卡口旋进闪灯卡口，切勿碰撞闪光灯灯泡和造型灯。安装标准反光罩后的光比较集中，照射范围较小、光性硬，会出现深色硬边阴影，需要根据实际拍摄情况使用。

（二）减光用具

摄影者通常考虑最多的是如何增强光线，而减弱光线却常常被忽视。但关于光线的削弱，却是灯光调整中不可不知的一项内容。如果想减弱灯光强度，那么以下几种工具可以提供一些参考。

图 1-39 标准反光罩

1. 纱窗

钢丝做出来的纱窗是一种很好的减光道具。在不改变光的距离和强度的情况下，一张合适的纱窗可以有效削减光源强度，而且便宜实用，如图 1-40 所示。

图 1-40 减光纱窗

2. 中性密度滤镜

中性密度滤镜其实就是通常说的灰镜和减光镜。这种滤镜其实跟色片是一个原理，不过它们是不会改变光线自身颜色的，只是会削减光线强度而已。要是选用这种小滤镜，通常只需要用夹子或者其他东西把滤镜固定在光源前面即可，如图 1-41 所示。

3. 调光器

并不是所有的灯都需要配一个调光器。这个装置主要是针对钨丝灯照明来应用的。借助一个调光器，可以调节光的强度。但是需要注意的是，钨丝灯在变暗的时候，它的色温会变高（因为钨灯丝会变红）。另外，现在市场上所售的一些日光灯和 LED 灯已经自带调光器了，非常方便，如图 1-42 所示。

图 1-41 中性密度滤镜

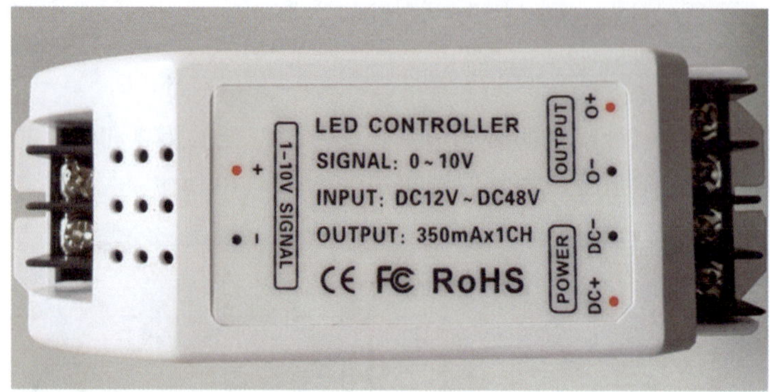

图 1-42 调光器

（三）光线调节用具

光线调节用具主要是帮助摄影者拍摄时控制灯光走向的。常见的光线调节用具有如下几类。

1. 挡光板

挡光板是可调节的黑色板片，通常被安装在灯的四面上。可以通过调节它们来控制灯光的覆盖范围和走向，如图 1-43 所示。

图 1-43 挡光板

2. 长嘴灯罩

长嘴灯罩一般是小型黑色隧道样工具，它的狭窄的小通道可以帮助摄影者控制灯光的走向，如图 1-44 所示。

3. 方格栅

方格栅是一个格子状的工具，可以非常有效地帮助摄影者控制灯光。如果有柔光箱，那么方格栅则是必需的配件，如图 1-45 所示。

图 1-44　长嘴灯罩

图 1-45　方格栅

任务三　构图的总体认识

一、常见构图

摄影构图从美术构图转化而来，也可以简单称为取景。构图就是研究在一个平面上处理好三维空间，即高、宽、深之间的关系，以突出主题，增强艺术感染力。构图处理是否得当、是否新颖、是否简洁，对于摄影作品的成败影响很大。从实际而言，一幅成功的摄影艺术作品，首先是构图的成功。成功的构图能使作品内容顺理成章，主次分明，主题突出，赏心悦目；反之，就会影响作品的效果，没有章法，缺乏层次，整幅作品不知所云。

下面来介绍五种常见的构图方式。

（一）黄金分割法

如图 1-46 所示，为黄金分割法的构图方式，画面的长宽比例通常为 1∶0.7，由于按此比例设计的造型十分美丽，因此被称为黄金分割，这一比例也叫黄金比例。0.7 的地方是放置拍摄主体最佳的位置，以此形成视觉的重心。

（二）三分法

如图 1-47 所示，所谓的三分法其实就是从黄金分割中引伸出来的，用两横、两竖的线条把画面均分为九等分，也叫“九宫格”，中间四个交点成为视线的重点，也是构图时放置主体的最佳位置。这种构图方式并非必须占据画面的四个视线交点，在这种 1∶2 的画面比例中，主体占据 1 ～ 4 个交点都可以，但是画面的疏密会有所不同。

图 1-46 **黄金分割法**

图 1-47 **三分法**

（三）均分法

为了在视觉上突出主体，拍摄者常常将拍摄主体放在画面的中间，左右基本对称，因为很多人喜欢把视平线放在中间，上下空间的比例大体均分。如图 1-48 所示，拍摄主体都在画面的正中间，但是为了防止画面显得过于呆板，往往在对称之中略有偏移。

（四）疏密相间法

此种方法在一个画面中需要摆放多个物体进行拍摄时使用，取景的时候最好是让被摄物错落有致、疏密相间。如图 1-49 所示的 4 张图片，多件物体的前后左右布局就比一字排开显得自然和美观得多，其中，有些被摄物适当地相连或交错，往往会让画面显得更加紧凑，主次分明。

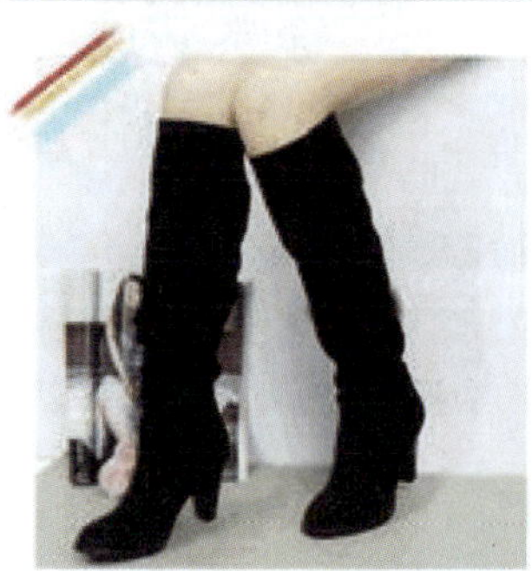

图 1-48　**均分法**

图 1-49　**疏密相间法**

（五）远近与明暗相结合法

拍摄商品图片有时候需要带上一点近景，或者隐隐约约保留一点颜色比较淡的远景，以增强立体感，表现出丰富的拍摄层次。如图 1-50 所示，画面色彩的变幻和明暗的跳跃，可以使照片不会因单调、呆板而显得过于平淡，但这样的远近和明暗层次也要使用得当，做到不多也不少，否则反而显得不协调。

图 1-50 远近与明暗相结合法

二、色彩搭配

（一）三原色

所谓三原色，是指不能借助其他颜色混合调配而得出的“基本色”，这三种颜色分别是红（Red）、绿（Green）、蓝（Blue），拼起来就是 RGB。将这三种原色进行不同混合，可以产生出各种不同的颜色，例如红色与绿色混合可以产生黄色或橙色，绿色与蓝色混合可以产生青色，蓝色与红色混合则可以产生紫色或品红色。电视机、投影仪等设备通常都会用 RGB 来当原色系统，投射出不同的颜色。“三原色”并非是一种物理概念，而是一种生物学的概念，是基于人眼对于光线所产生的生理作用。人的眼球内部有锥状细胞，能够感受到红光、绿光与蓝光，如图 1-51 所示。

图 1-51 三原色

（二）色彩搭配技巧

商品拍摄需要注意色彩的搭配和分布，从而提高相片的美感。色彩在商品拍摄中表达某种意境与情调时，主要还是取决于摄影者对被摄体的感受、想象和创造。取决于因景而情的表达。摄影者将因这种感受而迸发的激情融入拍摄，让心景聚合，会产生情景交融的效果。因此，色彩搭配所表现出的情调依赖的不是色彩本身，任何离开商品拍摄的需要和人的感受去随意增添、调整和改变色彩，失去的只能是商品拍摄所要表达的主题。

下面具体介绍一些色彩搭配的方法。

1. 主体无色在色彩纷呈的背景中容易调和

商品拍摄时主体的颜色是无彩色系的配置时较易调和，如图 1-52 所示。

图 1-52 主体无色的色彩搭配

2. 背景无色可以很好地突出主体

任何无彩色与有彩色搭配都能调和，如果改变明度还可以取得非常明快的调和效果。如图 1-53 所示，模特衣着色彩纷乱的服装，但颇具统一感的无色背景，很好地突出了主体，调和了颜色，轻易处理了色彩搭配问题。

3. 背景与主体色相同，画面有整体感

被摄物固有色的色相相同时，利用纯度、明度的变化搭配拍摄的画面色彩较和谐。如图 1-54 所示，桌子和墙壁都属黄色系，色相上统一，但明暗、亮度以及物体质感上有区分，整体色调一致，给人以冲击。

4. 邻近色彩搭配，既有变化又不突兀

邻近色彩搭配容易使画面产生调和，在实际的应用中我们一般要通过变化纯度或拉开明度值来增加画面的颜色变化。如图 1-55 所示，红色与粉红是两个邻近的颜色，放到一起温馨自然，色块上既有变化又不会显得突兀。

图 1-53 背景无色的色彩搭配

图 1-54 背景与主体色相同的色彩搭配

图 1-55 邻近色彩搭配

5. 邻近色相搭配，要有一些变化

邻近色相的搭配要有一定的变化，调和虽然会有较好的、统一的效果，但也要在明度和纯度上寻求一些变化才能得到更为丰富的色彩组合效果。如图 1-56 所示，蓝色的天和黄色的油菜以及天际处的紫花，在色相和色系上是迥异的，但看上去整个画面依然和谐丰富，原因在于色相的剧烈变化很刺激眼球。

图 1-56 邻近色相的搭配

【相关知识】

一、商品拍摄的特点和要求

商品拍摄对象，从广义上来说，指的是一切可以出售的物体，包括自然界的花卉、树木、瓜果、蔬菜、日常用品、工业用品、手工艺品、历史文物等。从狭义的角度来看，拍摄的表现范围是室内饰物、花卉、器皿、工艺品等一些体积较小、可以人工摆放的物品。商品拍摄不同于其他题材的摄影，它不受时间和环境的限制，一天 24 小时都可以进行拍摄，拍摄的关键在于对商品有机地组织、合理地构图、恰当地用光，将这些商品表现得静中有动、栩栩如生，通过你所拍摄的照片给买家以真实的感受。

二、商品拍摄的特点

对象静止：商品拍摄区别于其他摄影的最大特点，是前者所拍摄的对象都是静止的物体。

摆布拍摄：摆布拍摄是区别于其他摄影的又一个显著特点，不需要匆忙地现场拍摄。可以根据拍摄者的意图进行摆布，慢慢地去完成。

还原真实：不必要过于追求意境，否则会失去物品的本来面貌。

三、商品拍摄的总体要求

商品拍摄的总体要求是将商品的形、质、色充分表现出来，而不夸张。

形，指的是商品的形态、造型特征以及画面的构图形式。

质，指的是商品的质地、质量、质感。商品拍摄对质的要求非常严格，体现质的影纹层次必须清晰、细腻、逼真。尤其是商品细微处，以及高光和阴影部分，对质的表现要求更为严格。用恰到好处的布光角度，恰如其分的光比反差，以求更好地完成对质的表现。

色，商品拍摄要注意色彩的统一。色与色之间应该是互相烘托，而不是对抗，是统一的整体。“室雅无须大，花香不在多”，在色彩的处理上应力求简、精、纯，避免繁、杂、乱。

【同步实训】

一、实训概述

本项目实训为商品的基本拍摄方法。学生通过本项目的学习，能够掌握商品的基本拍摄方法与技巧，认识单反的基本功能和具体参数、灯具及光线的类型、商品拍摄的基本构图等。

二、实训素材

单反相机、镜头、闪光灯、LED 灯、常亮灯、灯附件等摄影器材。

三、实训内容

实训任务一　认识单反

步骤 1：学生对单反相机进行基本操作，了解单反基本功能和镜头的使用。

步骤 2：学生进一步熟悉单反相机的功能，了解相机的快门、光圈及感光度的基本参数。

步骤 3：学生通过实际操作单反相机，了解不同的对焦模式和驱动模式。

步骤 4：学生通过实际拍摄了解商品拍摄过程中色温和白平衡的把握。

实训任务二　认识灯具及光线的类型

步骤 1：学生通过认识闪光灯、LED 灯、常亮灯的基本类型和功能，掌握灯具的操作方法。

步骤 2：学生通过对各种灯附件的了解，掌握其在商品拍摄过程中所起的作用。

实训任务三　构图的总体认识

步骤 1：学生了解常见的商品拍摄构图方式，通过实际拍摄操作掌握构图方法。

步骤 2：学生通过商品拍摄前期的色彩搭配的准备，掌握商品拍摄色彩搭配的技巧。

四、考核评价

项目名称	商品的基本拍摄方法	
任务完成方式	小组协作完成 个人独立完成	
评价项	评价点	总分值
认识单反	1. 是否能够掌握单反相机与镜头的种类和操作方法（10 分） 2. 是否了解快门、光圈、感光度的功能和基本参数（10 分） 3. 是否能够在商品拍摄时正确使用对焦模式和驱动模式（10 分） 4. 能否恰当地调整相机的色温和白平衡（10 分）	40 分

续表

<table>
<tr><th>项目名称</th><th colspan="5">商品的基本拍摄方法</th></tr>
<tr><td>认识灯具及光线的类型</td><td colspan="4">1. 能否正确使用闪光灯、LED 灯及常亮灯（15 分）
2. 在拍摄时能否正确使用不同的灯附件（15 分）</td><td>30 分</td></tr>
<tr><td>构图的总体认识</td><td colspan="4">1. 能否利用合适的构图进行商品拍摄（15 分）
2. 能否掌握恰当的商品拍摄色彩搭配（15 分）</td><td>30 分</td></tr>
<tr><td colspan="6">本主题学习单元成绩</td></tr>
<tr><td>自我评价</td><td>（20%）</td><td>小组评价</td><td>（20%）</td><td>教师评价</td><td>（60%）</td></tr>
<tr><td colspan="6">存在的主要问题</td></tr>
</table>

【巩固与提高】

一、单选题

1. 在使用单反相机拍摄时，反光镜快速抬起，光线可以照射到感光元件 CMOS 或（　　）。

A．CAD　　B．CBD　　C．CCD　　D．CDD

2. 专业单反相机最显著的优势就是有一部分使用了（　　）。

A．半画幅感光元件　　B．全画幅感光元件

C．四分之一画幅感光元件　　D．八分之一画幅感光元件

3. 照相机用来控制感光片有效曝光时间的部分是（　　）。

A．镜头　　B．光圈　　C．焦距　　D．快门

4. 何时设定白平衡要根据选择的（　　）。

A．对焦模式　　B．驱动模式　　C．图片格式　　D．拍照模式

5. 照片的画面的长宽比例通常为 1∶0.7 的构图方式被称为（　　）。

A．均分法　　B．三分法　　C．疏密相间法　　D．黄金分割法

二、简答题

1. 什么是单反相机，从感光元件上分为哪几类？

2. 什么是对焦模式，包括哪些种类？

三、讨论题

1. 商品拍摄过程中通常有哪些构图方式？

2. 如何进行商品拍摄的色彩搭配？

四、实操题

教师提供一组商品拍摄素材，学生根据教师对素材的拍摄要求进行商品拍摄场景的布置、准备及基本拍摄工作，完成后以小组形式进行互评。

项目二

鞋包类商品

随着互联网覆盖面的扩大、移动互联网技术的进步，人们的消费习惯开始因网购而改变。鞋包类商品作为与服装品类关联度最高的商品，紧随其后排名第二。

为了吸引消费者的眼球、更好地向消费者展示鞋包类商品，商品的拍摄与后期处理就显得尤为重要。本项目以冬季皮鞋、PC 材料拉杆箱类商品为代表介绍鞋包类商品拍摄的灯光选择、拍摄技巧、商品图片后期处理技巧以及商品海报、主图、详情页的设计要素、制作过程等。

【学习目标】

1. 知识目标

（1）了解光造型；

（2）熟悉商品海报设计思路及具体要素；

（3）熟悉商品主图的主要构成元素；

（4）熟悉商品详情页基本布局；

（5）掌握皮鞋类商品、拉杆箱类商品的灯光选择和布光要点；

（6）掌握皮鞋类商品、拉杆箱类商品的拍摄技巧和后期处理步骤及方法；

（7）掌握皮鞋类商品、拉杆箱类商品的图片设计制作方法。

2. 能力目标

（1）能够针对皮鞋类商品、拉杆箱类商品进行灯光选择和布光；

（2）能够完成皮鞋类、拉杆箱类商品图片的拍摄；

（3）能够针对皮鞋类商品、拉杆箱类商品特点进行图片的后期处理；

（4）能够熟练设计和制作皮鞋类商品、拉杆箱类商品海报、主图和详情页。

【任务分解】

任务一　皮鞋类

一、皮鞋类商品灯光的选择

在鞋类产品的拍摄中，皮鞋是最常见的拍摄对象，最能表现其质地的便是皮鞋的光泽度。由于在表现光泽时难免要用硬光，但硬光对皮革的质感会有一定的表达缺陷，所以适宜采用兼容的方式进行拍摄，在使用逆光或侧光这类修饰光时选择硬光作为光源。这样就可以在不影响皮革质感的基础上，让皮鞋有足够的光泽度。

拍摄皮鞋类商品要使用硬光来照射，让画面出现高光部分。画面利用硬光（主光）和软光（辅光）相互配合，这样既能很好地还原色彩，又能呈现立体效果，如图 2-1 所示。

图 2-1 光线相互配合

打灯技巧方面：不同的鞋款、材质，灯光的摆设位置会有所不同，最基本的一点是要保证黑色暗部不要出现死黑，高光处不能全白。在拍摄光皮或者反光面比较多的鞋款时，应把灯光靠近鞋子，获得更多的反射光。

一般情况下，拍摄皮鞋需要 2 个柔光箱、1 个束光筒进行布光，如图 2-2 所示。

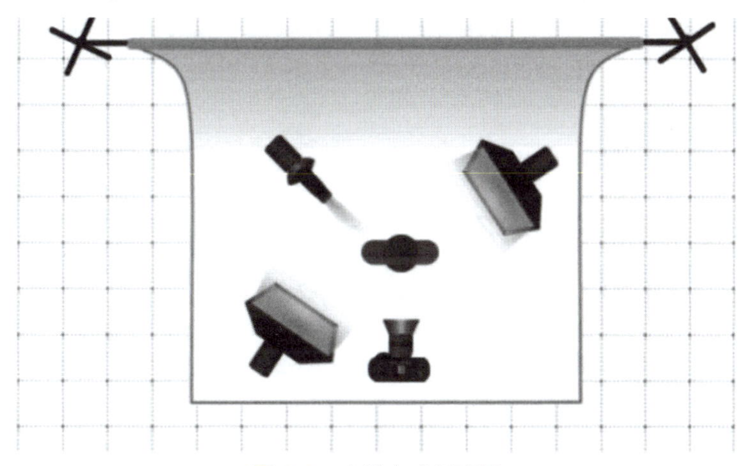

图 2-2 皮鞋布光示意图

用硬光表现皮鞋的光泽是最合适的选择，但是要对其他阴影部分使用反光板进行补光，让皮鞋的明暗有个过渡，不致显得反差太大。

光泽度的表现其实也就是被摄物体受光产生的明暗急剧反差，所以在拍摄皮鞋的时候，可以选用颜色较深的背景和较亮的饰品进行搭配。较深的背景可以让皮鞋的光泽从视觉上得到足够的加强，较亮的饰品可以从明暗对比上让皮鞋的高光处显得不过于明亮，让整个画面相得益彰。

第一，对于表面比较反光的鞋子，用柔光箱拍摄。其灯位要根据反光面的位置灵活移动，由柔光箱拍摄出的鞋子表面的反光光带比较规则，显得自然。当然，要小心光带曝光过度，要能够看清楚细节。

第二，表面不是太反光的鞋子，大多时候用反光伞包围拍摄。

第三，高反光的鞋子，为了表现出质感，其表面一定要形成高光带。通过光带和非光带部分的对比，体现出鞋子的质感和层次，如图 2-3 所示。

图 2-3 高反光的鞋子

第四，黑色的皮鞋处在深灰色的背景中，硬光所照射的高光在整体的暗调中十分明显，皮鞋的光亮感完美展现。对其质感的直接体现就是高光带与黑场的对比。对于一个精益求精的摄影师，他会花很长时间去调整柔光箱的位置，把光带调至合适的大小和位置。商品拍摄过程中，黑色反光体是最难拍的，若拍成全黑，商品就没有了立体感，体现不出细节，所以一定要合理地处理高光带与黑场。像这种细节丰富的鞋子，后期可以补救的空间基本没有，所以前期拍摄时最好一次到位。

拍摄皮鞋的特写，会将鞋子的纹理表现得很清晰，所以不使用硬光拍摄；表面带有纹理的皮鞋多采用软光表现其质感。

二、皮鞋类商品的拍摄技巧

（一）拍摄构图与摆放造型

摆放造型可以分为自身组合造型、陈列造型和创意造型。

1. 自身组合造型

自身组合造型就是根据鞋子本身的形状、颜色等属性，构建一个造型。常见的有一正一侧、水平“人”字、高低“人”字、烟花状等，如图 2-4 所示。

图 2-4 自身组合造型

2. 陈列造型

陈列造型主要是根据柜台橱窗等式样进行的命名，也就是说更偏向展示的特性。一般会用到不同形状的展台，另外还有一些辅助道具，如图 2-5 所示。

3. 创意造型

这些创意造型包括诸如模特穿抹胸裙，化浓妆红唇，把鞋子拿到嘴边；或者用头部顶着鞋子，眼睛往上看，只拍肩部以上；用手当脚穿鞋之类等。如图 2-6 所示。

图 2-5 陈列造型

图 2-6 创意造型

（二）拍摄内容

皮鞋类商品拍摄的内容有鞋子整体、鞋面和鞋底。鞋类买家特别关心鞋的质量，所以在产品拍摄、描述里可以适当强调与质量相关的内容，比如一款女士皮鞋，可以说明鞋的皮质亮点、内里材质的优越、鞋底的特点等。

拍鞋子最重要的是角度，鞋子的侧面和 45° 角是最漂亮的角度。要水平地或稍微仰视地看鞋子；俯视鞋子的线条大都不太好看。

（三）注意拍摄其他细节

皮鞋类商品除了拍摄鞋子的整体、鞋面、鞋底之外，还需要拍摄好鞋子的细节，包括鞋子内部、鞋跟、商标等其他有特色的部位。

拍出细节图可以帮助卖家的店铺提升专业度和形象，让顾客在不用主动询问客服的情况下也可以了解鞋子的细节、特点，从而节省客服的工作时间，同时延长了买家的在店时间，并可以提升转化率及减少因为顾客自己所造成的误会而退货的情况，如图 2-7 所示。

拍摄之前检查鞋子，并将鞋子表面仔细擦拭干净。这样做可以大大节省美工修图时间。

图 2-7 其他细节

三、皮鞋类商品的图片后期处理技巧

（一）图片尺寸修改

网店图片有一定的尺寸规格要求，在商品图片后期处理过程中需要对图片的尺寸进行修改。

首先需要查看图片的大小。在 Photoshop 中打开要修改的图片，点击“图像”→“图像大小”，查看当前图片的大小，如图 2-8 所示。

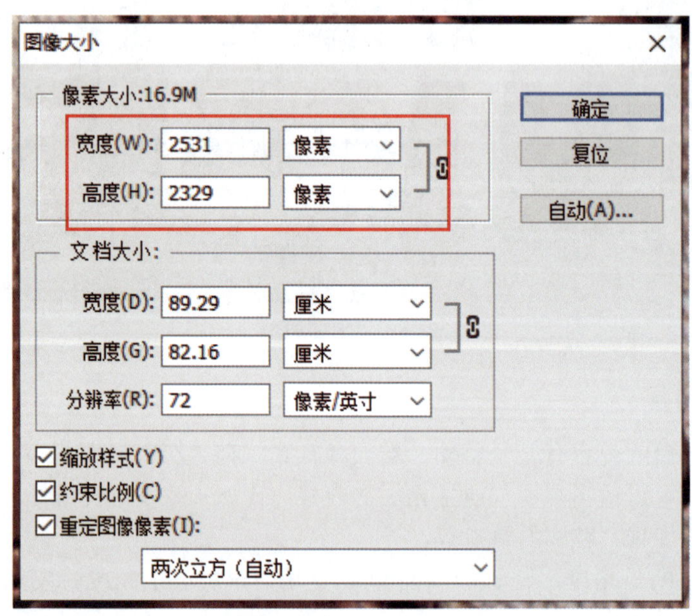

图 2-8 图像大小

如果图片宽高比不变，可以直接输入想改的数值。注意勾选“约束比例”，否则图片会变形。输入宽度值时会发现高度值也会改变，像素大小也会变化，如图 2-9 所示。

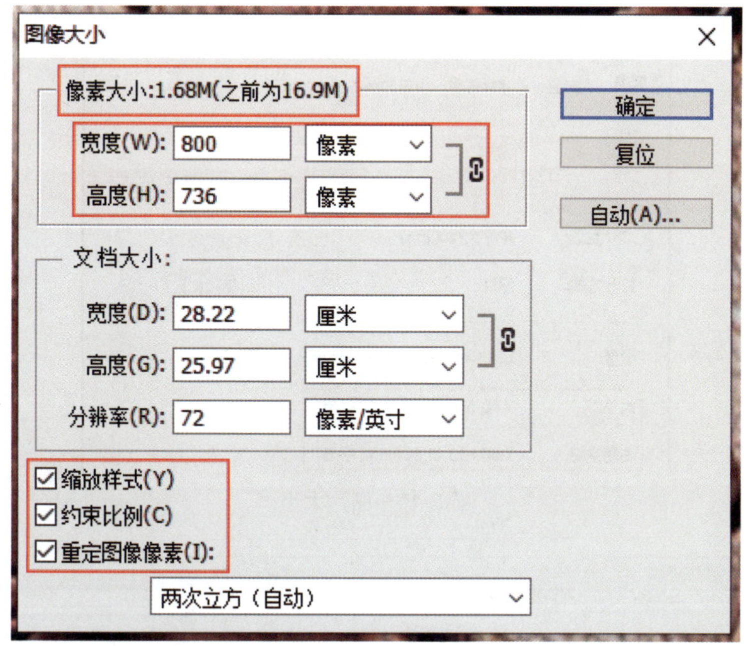

图 2-9　修改图像尺寸

微课 2-1　图片尺寸修改实操案例

M2-1　图片尺寸修改操作视频

（二）图片存储大小修改

通常使用单反相机或者像素高的手机拍照，拍出来的相片会很精美，但是同时相片也比较大。上传图片到网店，若图片太大则上传速度会很慢，这时候就需要尽量在不损坏图片质量的情况下修改图片的大小（图 2-10）。

如图 2-10 所示，在这里以一个大小为 1.6MB 的图片修改为例演示，具体步骤如下。

步骤 1：打开 Photoshop，在软件中打开要修改的图片。

步骤 2：点击文件列表下的“存储为 Web 所用格式”，或者按快捷键“Ctrl+Shift+Alt+S”，出现一个“存储为 Web 所用格式”的对话框。修改图片的图像大小，在这里按百分比修改为 30%，如图 2-11 所示。

步骤 3：点击右上角的下三角，出现图 2-12 所示页面，点击“优化文件大小”。然后把所需文件大小改为 100，如图 2-13 所示。

图 2-10　图片大小

图 2-11　在“存储为 Web 所用格式”的对话框中修改图像大小

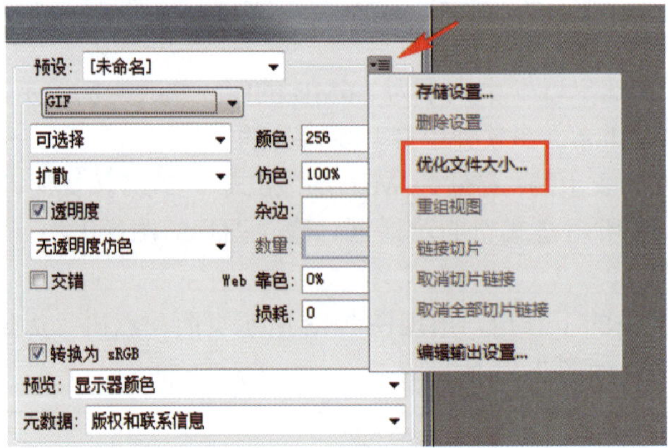

图 2-12　“优化文件大小”菜单

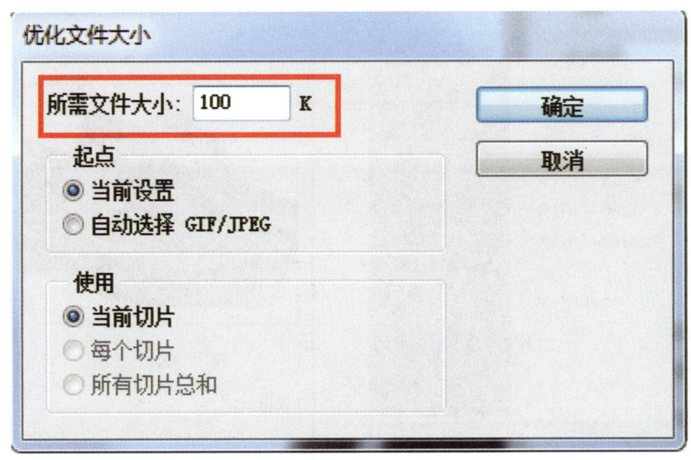

图 2-13　修改所需文件大小

这时候发现文件大小已被调整至 100K 以内，如图 2-14 所示，点击存储。

图 2-14　文件大小

微课 2-2　图片存储大小修改实操案例

M2-2　图片存储大小修改操作视频

（三）提升皮鞋质感

把皮鞋原图整体调亮，给人以高贵的感觉，看起来更有质感。可以通过调整：色阶（“Ctrl+L”），加强明暗对比；曲线（“Ctrl+M”），整体调亮；滤镜—锐化，加强质感。

这里对这张图片进行锐化处理，使图片的清晰度更高。

步骤 1：打开 Photoshop，在软件中打开要修改的图片。

步骤 2：执行“滤镜—锐化—USM 锐化”命令，如图 2-15 所示。

步骤 3：根据需要调整锐化的参数设置，这里可以直接点击“确定”按钮，完成锐化，如图 2-16 所示。最后，图片调整前后的对比效果如图 2-17 所示。

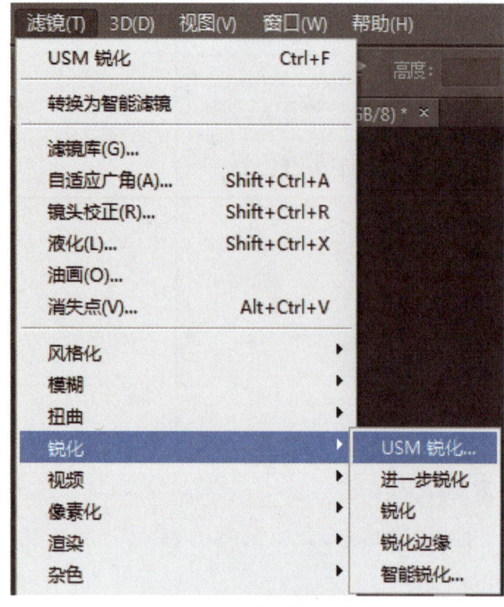

图 2-15 锐化图片

图 2-16 USM 锐化对话框

图 2-17 原图与处理后的对比

微课 2-3 提升皮鞋质感实操案例

M2-3 提升皮鞋质感操作视频

四、皮鞋类商品淘宝海报、主图、详情页的制作

（一）皮鞋类商品海报设计与制作

1. 海报

在日常生活中随处可以看到形式多样的海报，可以让商品信息一目了然，便于将主推商品展现给买家。在网店设计中海报的宣传同样起着至关重要的作用。因此，海报的设计必须有号召力与艺术感染力，海报的描述要简洁鲜明，达到引人注目的效果。

网店中的海报基本都是商业海报，起着宣传商品、店铺的作用。商业海报大概可以分为3种类型，即商品宣传海报、店铺形象海报和活动推广海报，如图2-18～图2-20所示。

图2-18 商品宣传海报

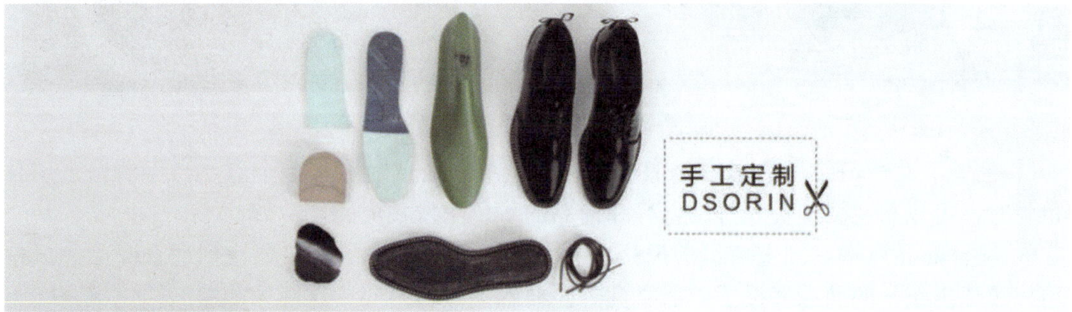

图2-19 店铺形象海报

图2-20 活动推广海报

普通的海报尺寸一般是950像素×（500～600）像素，具体高度要看店铺装修页面的需求。宽屏的海报尺寸为1920像素×（500～600）像素。

2. 网店鞋品类海报设计技巧

鞋品类目大概分为女鞋、男鞋、运动鞋。每一种鞋子的销售重点都是不同的，女鞋偏向休闲、通勤、户外；而男鞋则是户外和商务等。设计海报时，要了解和考虑它们之间的差异点。女鞋、男鞋海报设计技巧如下。

（1）女鞋海报设计

① 卖点重点突出。女性顾客通常偏向感性思维，注重款式、舒适程度、颜色搭配等，所以在做海报设计时首先要找准商品的目标人群，重点突出卖点，如图 2-21 所示。

图 2-21 女鞋海报突出卖点

② 色调。女性消费者的思维就像一个网，能从一个点发散到多个点，当不清楚采用什么色调时，可以从主要消费人群的喜好和商品的颜色出发找灵感。

③ 结合商品风格。淘宝店铺的风格定制是基于商品风格的，只要找到适合商品的风格就可以设计出统一的商品海报了，而文案方面要触动顾客内心，这样才能提高转化率。

（2）男鞋海报设计。男性顾客多是以结果为导向，目标明确。所以，在男性鞋品类的图片以及页面设计上应以独立卖点为突破口，比如：此款鞋子适于驾车穿着，如图 2-22 所示，如此简单描述即可。

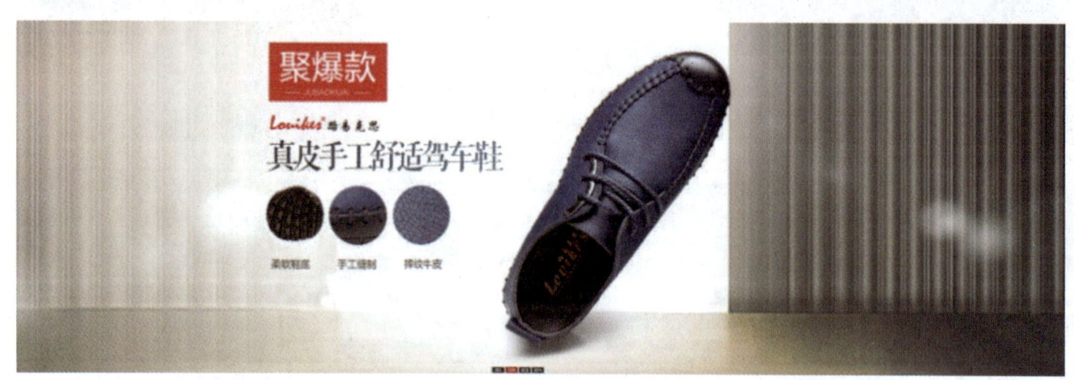

图 2-22 男鞋海报

3. 皮鞋类商品海报的设计与制作步骤

步骤 1：寻找素材、选择照片，设计文案。

步骤 2：新建一个 1920 像素 ×900 像素的画板。

步骤 3：置入选择的背景素材和商品图片，如图 2-23 所示。

步骤 4：添加文案信息，并设计字体和颜色。其中，“精品集结”“专区满 500 减 80”“上不封顶”的字体为“华文细黑”，字号为 39 号；“春 • 尖货”“直降”为“旁门正道标题”，字号为 118；“BUSINESS DRESS SHOES”为“方正兰亭超细黑简体”，字号为 23。

其文字设置效果如图 2-24 所示。

图 2-23 置入背景素材和商品图片

图 2-24 文字设置

步骤 5：保存图片和 PSD 文件，如图 2-25 所示。

图 2-25 海报图片最终效果

微课 2-4　皮鞋海报制作实操案例

M2-4　皮鞋海报制作操作视频

（二）皮鞋类商品主图设计与制作

1. 商品主图及其构成元素

商品主图必须为实物拍摄图，图片要求 800 像素 ×800 像素以上。商品主图的呈现方式即买家搜索得到结果后首先看到的图片，以及打开商品页面后显示的第一张图片以及左边的 4 张图片外加视频文件（动态视频主图），又或是商品详情页第一屏左侧商品图的第一个位置。如图 2-26、图 2-27 所示。

图 2-26　搜索结果页面商品主图

图 2-27　淘宝网商品页面商品主图

提高商品主图的点击率，才能让商品或店铺获得消费者更多的关注，而影响商品主图点击率的因素众多，例如商品主图中所展示的商品的款式、价格等。由于通常情况下搜索结果页面的商品很多，价格相近、款式类似的商品也很多，所以卖家如果想让自己的商品主图在众多商品主图中脱颖而出、获得消费者的点击，就必须在商品主图的制作上下功夫，只有让自己的商品主图在视觉上变得更加突出与耀眼，才能吸引消费者。

商品主图有三个主要构成元素，即商品主体、主图背景、信息填充，如图 2-28 所示。

图 2-28　商品主图构成元素

2. 皮鞋类商品常见商品主图模式

皮鞋类商品主图有模特上脚类主图（图 2-29）、模特 + 商品 / 模特上脚图类主图（图 2-30）、白底或其他背景商品图主图（图 2-31）三种。女鞋主图以前两种居多，男鞋主图主要是第一种和第三种。皮鞋类商品主图要针对不同对象进行设计，一定要突出商品主体。

图 2-29　模特上脚类主图

图 2-30　模特 + 商品 / 模特上脚图类主图

图 2-31 白底或其他背景商品图主图

3. 皮鞋类商品主图的设计与制作步骤

步骤 1：新建一个 800 像素 ×800 像素的文件，背景颜色为白色，命名为“皮鞋主图”。

步骤 2：打开背景素材、地板素材、商品图片，拖入皮鞋主图中，如图 2-32 所示。

图 2-32 置入背景素材和商品图片

步骤 3：添加文字，并设置字体和颜色。“春日新品”字体为“方正兰亭特黑”，字号 118；添加渐变叠加图层样式，设置渐变颜色为 b4ec33、62952c。拖入光晕素材，将图层模式设置为“滤色”。“买贵包退 仅限一天”字体为“方正兰亭中粗黑”，字号 52，颜色 5f9a2b。如图 2-33 所示。

步骤 4：“顶级牛皮皮鞋”“男士休闲鞋火热爆款 20000 双”字体为“方正兰亭纤黑”，字号 28，分别添加矩形框背景，颜色为 335d05、5f9a2b，“20000”颜色为 eafe08。“TOP COWHIDE LEATHER SHOES”字体为“方正兰亭纤黑”，字号 15，字间距 50，颜色 48550f。如图 2-34 所示。

图 2-33 添加文字 1

步骤 5：添加价格标签信息，并设计字体和颜色。“包邮：¥”字体为“微软雅黑”，字号 42，字间距 50。“88.00”字体为“方正兰亭特黑”，字号 50，字间距 0。最终效果如图 2-35 所示。

图 2-34 添加文字 2

图 2-35 **皮鞋主图最终效果**

微课 2-5 **皮鞋主图制作实操案例**

M2-5 **皮鞋主图制作操作视频**

（三）皮鞋类商品详情页设计与制作

无论是新手卖家还是久经淘宝战场的老卖家都懂得商品详情页的重要性，一个好的商品详情页能激起买家的消费欲望，促使买家下单购买。

商品详情页的宽度是 750 像素，高度可以自定义。在皮鞋类商品详情页中，鞋子的细节展示必不可少。商品详情页卖点细节展示模块设计手法要领是：整体 + 局部 + 文字。如图 2-36 所示。

商品详情页卖点细节展示模块制作步骤如下。

步骤 1：选择照片，设计文案。

文案内容
卖点解析 • SELLING POINT PARSING ● 采用优质头层牛皮 ● 精致品牌金属 LOGO ● 柔软猪皮内里 ● 多层加粗走线加固

步骤 2：新建文件，命名为“皮鞋详情页卖点解析”，图片宽度为 750 像素，高度为 850 像素。制作模块小标题，如图 2-37 所示。

精致品牌金属LOGO
柔软猪皮内里
采用优质头层牛皮
多层加粗走线加固

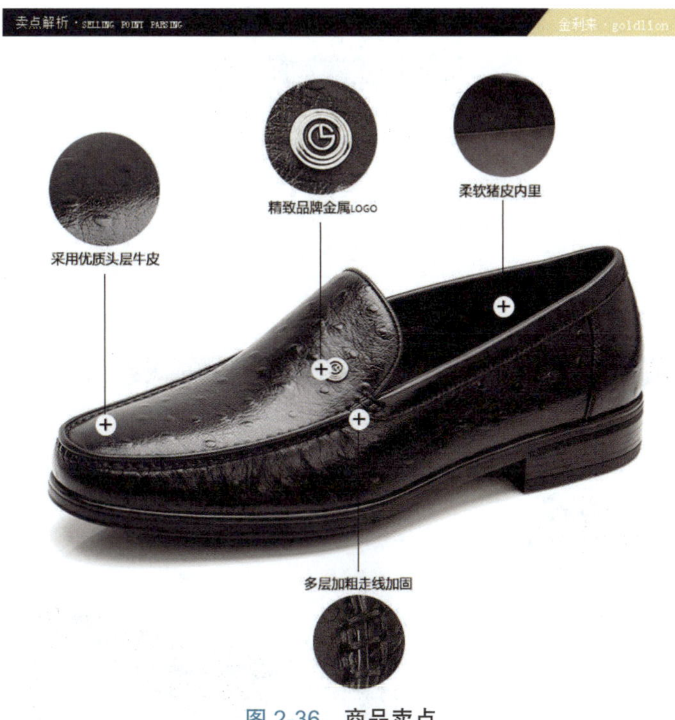

图 2-36　商品卖点

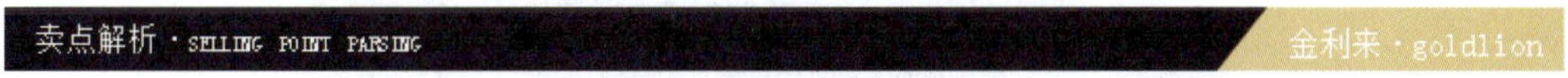

卖点解析 · SELLING POINT PARSING
金利来 · goldlion

图 2-37　制作模块小标题

步骤 3：置入“皮鞋素材”，用椭圆工具画一个圆形，调整到合适的位置，如图 2-38 所示。

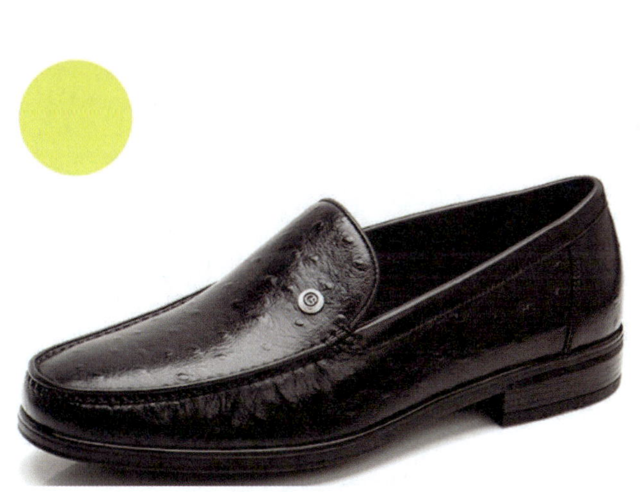

图 2-38　画出一个圆形

步骤4：置入“特写素材1”，放置在椭圆图层上方。创建剪贴蒙版，进行图片缩放调整，调整图片的大小和位置，如图2-39所示。

图2-39 置入素材图片

步骤5：输入文案，设计文案字体、大小和颜色。使用直线工具和椭圆工具画出直线和圆形，用文字工具输入“+”。头层牛皮卖点制作完成后，将与此卖点相关的图层放入一个组中，命名为“头层牛皮”，效果如图2-40所示。

图2-40 制作头层牛皮卖点

步骤6：复制“头层牛皮”组，将新组移动到合适的位置，替换组中的图片素材和文字，并将新组重命名为“LOGO”。按照同样的方法制作“内里”组和“走线”组，根据需要调整大小和位置，如图2-41所示。

图2-41 组的设置

步骤 7：保存图片和 PSD 文件。

微课 2-6 皮鞋详情页卖点解析制作实操案例

M2-6 皮鞋详情页卖点解析制作操作视频

任务二 拉杆箱类

一、拉杆箱类商品灯光的选择

为了很好地表现被摄物的形状和细节，淘宝商品拍摄一般需要选择同被摄体成大约 45° 角的侧光。灯光配置尽可能为两个以上，这里选择 3 盏灯，这样可以保证产品的每个面受光均匀。注意灯光的数量及高低远近对产品都有一定影响。

图 2-42 为拉杆箱拍摄布光。拍摄拉杆箱主要是为了拍摄出产品前端的纹理，左侧的灯为主灯，设置指数为 1/4；右侧的灯光是为了提供产品另一侧的一条高光，同时也能照亮边缘的一些阴影，指数设置为 1/8。八角柔光箱的作用是照亮产品金属拉杆部分，使它的金属质感得以体现，同时这盏灯也会为产品的背景提供一些光线，使产品背景不会太暗。这盏灯的指数也设置为 1/8。拍摄过程中微调主灯的位置，以达到最好的效果。图 2-43 为仰视和俯视拍摄效果图片。

图 2-42 拉杆箱拍摄布光

图 2-43 仰视和俯视拍摄效果图片

在多光源条件下，商品拍摄灯光的色温要一致，即采用相同型号的灯泡，在相同的亮度下拍摄，一般选择色温值 5500K 或 6500K，从而保证光线亮度。

如果前期布光及背景的准备工作到位，那么效果就不会太差，而且可以省去后期很多不必要的图片处理工作。

二、拉杆箱类商品的拍摄技巧

图片的拍摄效果会直接影响商品成品图的制作，进而影响到商品销售。拍好一张商品图片，不仅可以节省后期处理时间，更可为提高销售质量打好基础。

（一）拍摄前准备

拍摄拉杆箱，首先需要一个足够大的背景；其次，要制造一个高对比度的反光面；最后，要尽量排除多余的阴影杂光。

拍摄前，需要准备以下物品。

（1）3 盏 400W 的专业闪光灯。

（2）2 个 60cm×90cm 的柔光箱以及一个 95cm 的八角柔光箱。

一般情况下，闪光灯有 2 个灯管，一个是黄色的造型卤素灯，便于在拍摄过程中观察光的走向，便于对焦；另一个是闪光灯管，在真正的拍摄过程中进行闪光。

（3）一个大的 KT 板。

（4）桌子、三脚架、拉杆箱。

（5）相机、引闪器、触发器。

（二）相机的设置

普通的室内闪光灯最长的闪光时间是 1/200s，超过这个值可能会出现照片不能正常曝光的情况，通常的设置为 1/125s。ISO 设置方面，最好能用相机最低 ISO 设置，通常为 100 或 200（图 2-44）。

图 2-44 相机设置参考

（三）白平衡设置

1. 通过白纸自定义白平衡

设置的方法是先拍摄一张纯白色的纸，保证这张白纸曝光正常，通过相机用户自定义白平衡，选择刚刚拍摄的这张白纸来实现白平衡。

2. 用灰卡来设置白平衡

购买一个 20% 灰卡，在保证曝光正常的情况下，放在被摄物的旁边一起拍摄，以佳能相机为例，安装相机附带的 DPP（Digital Photo Professional）软件，拍摄的时候设置 RAW 格式，拍摄完在电脑里面选择点击白平衡模式，吸管点击到灰卡上，这样也能保证照片更好地恢复原来的色彩。

如果拍摄出来的白色背景不是纯白，就会增加后期美工的工作量。解决的办法是多打一个背景灯，遮光罩最好是用标准照，这是因为标准照所占空间小，照射方向好控制。

（四）背景布置

拍摄环境背景力求单一，突出被拍摄主体。背景纸的放置方式要恰当，最好成弧形放置，这样能够避免背景上出现接缝和折痕，如图 2-45 所示，即为一个反例。

（五）拍摄主题突出，内容明确

一定要让别人知道图片里是什么，一眼就可以看出这张图片要传达的信息。

（六）多角度摆放，展示细节

图片要色彩鲜明，光线柔和清晰，角度好，注意画面的构图，同时还要注意产品的摆放方式，要醒目，移动时要保证拉杆箱轮子朝向同一个方向。在拍摄过程中，注意要注意防抖。让整个画面背景清晰，重点突出。

三、拉杆箱类商品的图片后期处理技巧

在这里介绍制作阴影的技巧。

步骤 1：在 Photoshop 中打开要做阴影效果的拉杆箱素材，如图 2-46 所示。

图 2-45　背景上出现接缝

图 2-46　原图

步骤 2：新建图层，放置在拉杆箱图层的下方，重命名为“阴影”；选择画笔工具，设置前景色为黑色，画笔大小为 100，硬度为 0%，如图 2-47 所示。在阴影图层上进行涂抹，初步画出阴影形状，如图 2-48 所示。

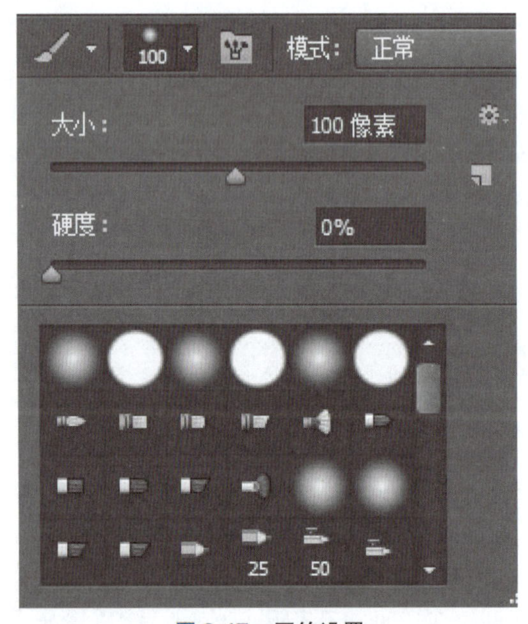

图 2-47　画笔设置

图 2-48　用画笔初步画出阴影形状

步骤 3：设置阴影图层的不透明度为 80%，观察阴影的效果，为了使阴影效果更加自然，给阴影图层添加一个蒙版；选择画笔工具，根据想要的阴影效果在蒙版上进行涂抹，将多余的阴影涂抹掉，直到达到想要的效果，如图 2-49 所示。

步骤 4：保存图片和 PSD 文件，最终效果如图 2-50 所示。

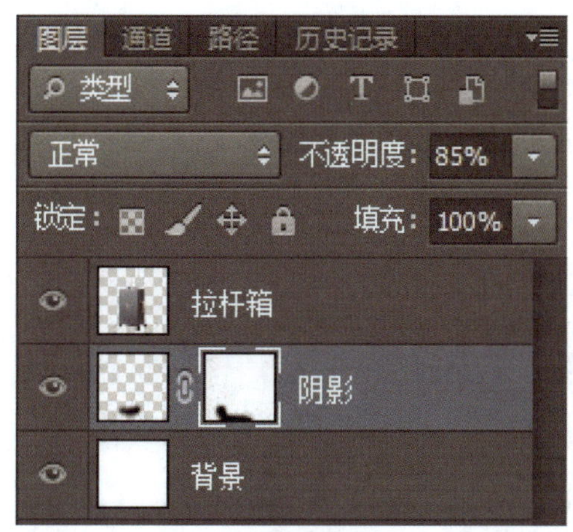

图 2-49　添加蒙版

图 2-50　阴影效果

微课 2-7　阴影做法实操案例

M2-7　阴影做法操作视频

四、拉杆箱类商品淘宝海报、主图、详情页的制作

目前淘宝上的卖家竞争十分激烈，要想在众多的卖家中脱颖而出，漂亮的照片和出色的店铺设计则是最强有力的销售利器。

（一）拉杆箱类商品海报设计与制作

拉杆箱主要是人们在旅游、出差、外出时用到的商品，设计制作拉杆箱类商品的海报时一定要考虑到商品的用途、海报设计的目的。拉杆箱类商品海报设计可以分为旅行场景海报、商务风格海报和促销上新类海报。

1. 旅行场景海报

旅行场景海报的风格偏向明快活泼的颜色，当然海报离不开创意文案（图 2-51、图 2-52）。

图 2-51　旅行场景海报 1

图 2-52　旅行场景海报 2

2. 商务风格海报

商务风是比较硬朗、简约的设计，偏向暗黑色系（图 2-53 ～图 2-55）。

图 2-53　商务风格海报 1

图 2-54　商务风格海报 2

图 2-55　商务风格海报 3

3. 促销、上新类海报

促销、上新类海报当然必须包含促销、上新的商品基本信息，海报风格要符合店铺的整体风格（图 2-56）。

图 2-56　促销活动海报

微课 2-8　拉杆箱海报制作实操案例

M2-8　拉杆箱海报制作操作视频

（二）拉杆箱类商品主图设计与制作

设计拉杆箱的主图，可以选择一些室外场景、旅行场景的素材作为背景，如图 2-57 所示；也可以结合商品的卖点、细节和促销信息，如图 2-58 所示；还可以搭配男士商务风格，吸引经常出差的男性买家，如图 2-59 所示。主图设计要与整体风格匹配。

图 2-57 拉杆箱主图结合不同场景

图 2-58 拉杆箱主图结合卖点、促销信息

图 2-59 商务风格主图设计

微课 2-9　拉杆箱主图制作实操案例

（三）拉杆箱类商品详情页设计与制作

商品详情页是唯一一个向顾客详细展示商品细节与优势的地方，顾客喜不喜欢这个商品、是否愿意在该店购买，商品的详情页发挥着决定性作用，绝大多数的订单是买家在看过商品的详情页后生成的，可见商品详情页的重要性。手机端的商品详情页，可以在做好了网页版淘宝商品详情页后用甩手工具箱一键生成。拉杆箱类商品详情页的设计和制作要点如下。

1. 店铺活动

店铺活动可以是促销活动的通知或预告、新款上线的通知或预告，也可以是主推款式的海报，要想吸引买家的眼球，促使成交，就一定要想想办法让买家看到店铺商品的特色所在（图 2-60）。

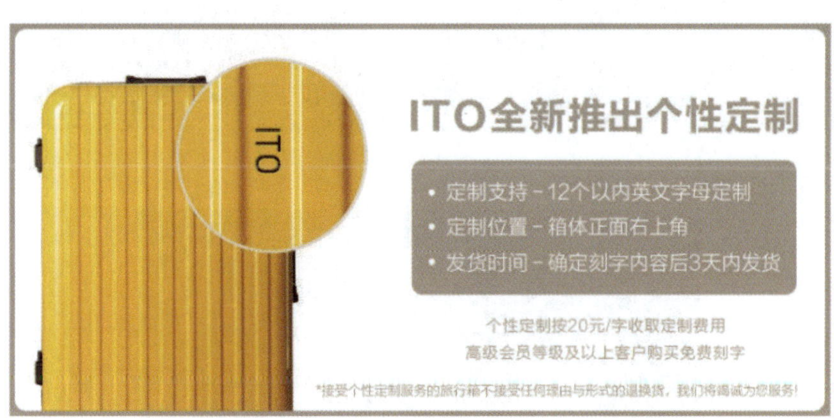

图 2-60　店铺活动

2. 商品卖点

精心设计图片以及文案解释说明，让买家更了解产品（图 2-61）。

3. 正品防伪查询说明

为打消消费者的疑虑，可以放上正品的防伪认证查询说明，如图 2-62 所示。

4. 不同角度展示图

分别从正视、45° 侧视、侧视和内部结构展示拉杆箱，让消费者对商品的外观有一个更清楚的了解（图 2-63）。

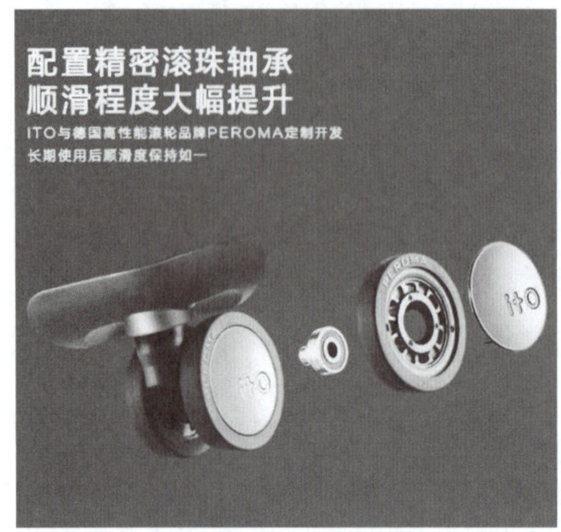

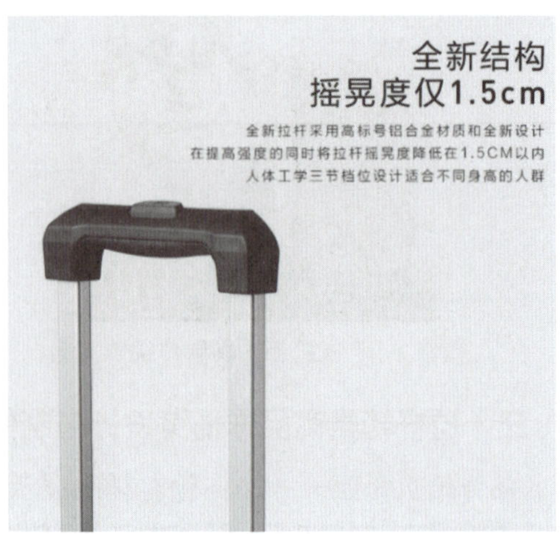

图 2-61 商品卖点

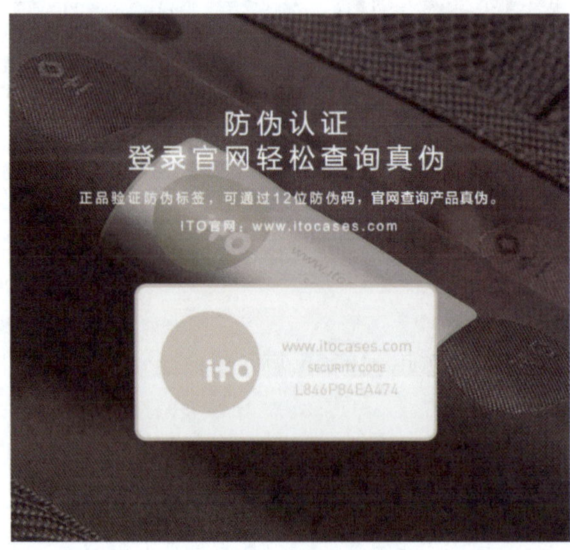

图 2-62 防伪认证说明

FRONT
正视图

45°
45度侧视图

SIDE
侧视图

INSIDE
内部图

图 2-63　不同角度展示图

5. 商品颜色展示

展示拉杆箱的全部颜色，满足不同消费者对颜色的不同爱好和需求（图 2-64）。

图 2-64　商品不同颜色展示图

6. 产品细节展示

展示拉杆箱的轮子、拉杆等买家比较关注的细节（图 2-65）。

静音万向双轮

每一只 CLASSIC 旅行箱都装备了德国高性能滚轮品牌PEROMA的高等级静音双轮。
轮子装备了3个精密滚珠轴承，确保长久使用后依旧安定而顺畅。

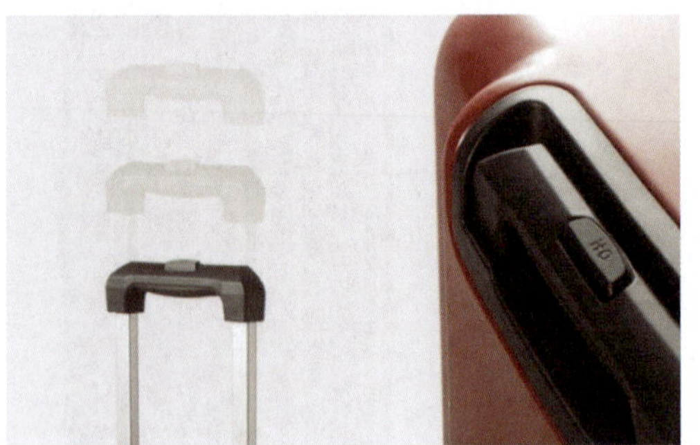

一体式拉杆

进口高强度铝合金材料制作，质轻却坚固，精密配合保证顺滑手感。

注：CLASSIC 20寸 / 25寸 / 29寸拉杆为三节档位，15寸 MINI版拉杆为两节档位。

图 2-65 产品细节图

7. 商品尺寸

展示商品的具体尺寸图（图 2-66）。

SIZE 产品尺寸

SIZE	DAYS	PEOPLE	WHERE
20寸	1-5天	1人	境内旅游
25寸	6-14天	2人	境外旅游
29寸	15天以上	3人	留学

尺寸不含轮子把手（轮子直径5.5CM）

图 2-66 商品尺寸图

8. 售后服务说明

展示售后服务说明（图 2-67）。

AFTER-SALE SERVICE 售后服务

两年产品服务证

产品购买日起两年内免费维修

7天无条件退换货

产品购买日起7日内无条件退换货

图 2-67 售后服务说明展示

颜色展示
COLOR

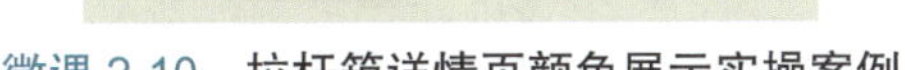
微课 2-10 拉杆箱详情页颜色展示实操案例

M2-10 拉杆箱详情页颜色展示操作视频

【相关知识】

一、光的造型（光型）

（一）主光

主光是对被摄物进行造型的主要光线，是画面中最引人注目的光线，它有明显的方向性、明显的敏感反差，能较好地表现被摄物的主体形状和外部形象。

（二）辅助光

辅助光是帮助主光造型，调合或者补充主光照明的一种光线。其功能：一是在不破坏主光照明方向性的前提下，加强被摄物阴暗部的亮度，以便表达出阴暗部分的影纹和质感；二是调整反差，即光比。

辅助光又分为阳辅和阴辅两种。

（三）轮廓线

轮廓线是用来勾画物体轮廓形态的一种光线。它能使主体与背景区别开来，以突出主体，另外还能起到修饰的作用。

二、商品海报设计思路及具体要素

（一）海报设计的思路

海报设计思路如图 2-68 所示。

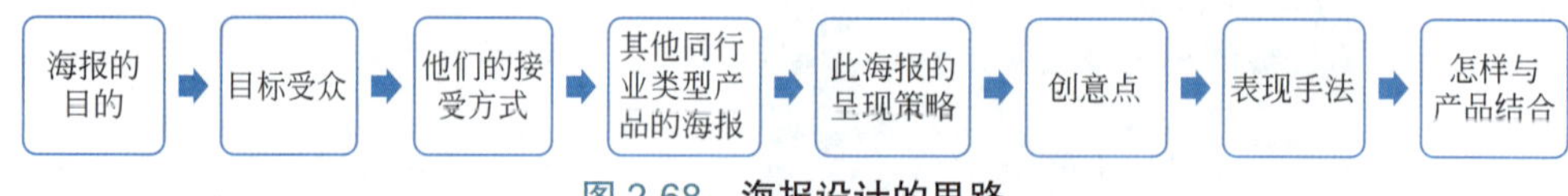

图 2-68　海报设计的思路

（二）海报设计的具体要素

- 充分的视觉冲击力，可以通过图像和色彩来实现；
- 海报表达的内容精练，抓住主要诉求点；
- 内容不可过多；
- 一般以图片为主，文案为辅；
- 主题字体醒目。

三、商品详情页基本布局

一般情况下，商品详情页的基本布局如图 2-69 所示。

店铺活动
模特图片
实物图片
细节图片
尺码描述
店铺实力、品牌展示
相关推荐
店铺其他说明

图 2-69　商品详情页的基本布局

【同步实训】

一、实训概述

本项目实训为鞋包类商品图片的拍摄及制作，学生通过本项目的学习，能够掌握鞋包类商品布光、拍摄与后期处理的具体方法与技巧，并能完成商品的海报、详情页、主图的设计与制作。

二、实训素材

（1）装有 Photoshop 软件的电脑；
（2）冬款皮鞋、春秋款布鞋、PC 材质拉杆箱类商品、相机等。

三、实训内容

实训任务一　冬款皮鞋类商品信息采编

步骤 1：学生对冬款皮鞋进行拍摄，在拍摄时注意针对皮鞋材质布光、突出商品的特点。

步骤 2：学生利用 Photoshop 对拍摄成果进行后期美化处理。

步骤 3：学生根据商品特点完成主图、海报以及详情页的设计与制作。

实训任务二　拉杆箱类商品信息采编

步骤 1：学生对 PC 材质拉杆箱进行拍摄，在拍摄时注意背景布置、灯光选择。

步骤 2：学生利用 Photoshop 对拍摄成果进行后期美化处理。

步骤 3：学生根据商品特点完成主图、海报以及详情页的设计与制作。

四、考核评价

项目名称	鞋包类商品				
任务完成方式	小组协作完成 个人独立完成				
评价项	评价点				总分值
冬款皮鞋类商品信息采编	1. 拍摄冬款皮鞋前灯光选择、布光是否合理（5 分） 2. 鞋子摆放造型是否美观、大方（5 分） 3. 是否拍出符合鞋类商品的整体图片、细节图片（10 分） 4. 能否对拍摄成果进行恰当的后期美化处理（10 分） 5. 能否根据商品特点设计并制作出符合要求的主图、海报以及详情页（20 分）				50 分
拉杆箱类商品信息采编	1. 拍摄拉杆箱前灯光选择、布光是否合理（5 分） 2. 背景布置是否合理（5 分） 3. 主题是否突出，内容是否明确（5 分） 4. 是否拍出符合拉杆箱类商品的整体图片、细节图片（10 分） 5. 能否对拍摄成果进行恰当的后期美化处理（10 分） 6. 能否根据商品特点设计并制作出符合要求的主图、海报以及详情页（15 分）				50 分
本主题学习单元成绩：					
自我评价	（20%）	小组评价	（20%）	教师评价	（60%）
存在的主要问题					

【巩固与提高】

一、单选题

1. 拍摄皮鞋类商品的灯光为（　　）。
   A. 硬光　　B. 软光　　C. 硬光和软光都可以　　D. 硬光和软光相互配合
2. 皮鞋类商品的摆放造型不包括（　　）。
   A. 自身组合造型　　B. 陈列造型　　C. 平铺造型　　D. 创意造型
3. 商业海报大概可以分为（　　）。
   A. 商品宣传海报和店铺形象海报
   B. 店铺形象海报和活动推广海报
   C. 商品宣传海报和活动推广海报
   D. 商品宣传海报、店铺形象海报和活动推广海报
4. 以下商品图片中（　　）是自身组合造型。

A. 

B. 

C. 

D. 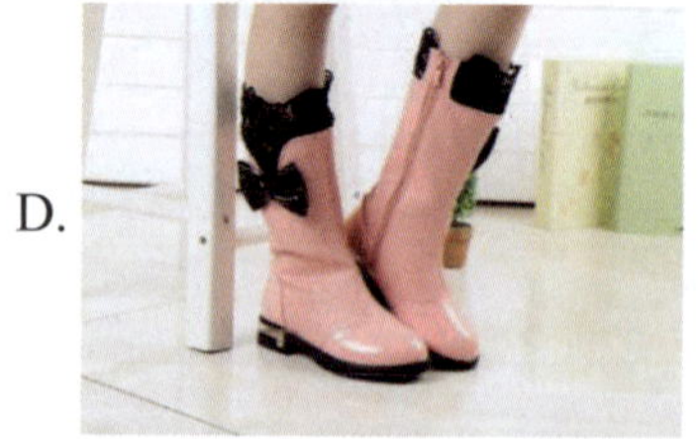

5. 以下选项描述错误的是（　　）。
   A. 表面粗糙的吸光物体一般适合采用侧光照明来体现其表面质感
   B. 拍摄表面粗糙的物体时可用稍硬的光照明，照射方位要以侧光、侧逆光、前顶光为主
   C. 拍摄对象表面结构十分粗糙，可以用软光在侧面照明，使表面凹凸不平的质地产生细小的投影，强化其肌理表现
   D. 拍摄表面较为光滑的吸光物体，为了表现出它们相对细致平滑的质感，用光应较柔和，尽可能使用散射光或间接光照明，使用闪光灯应在灯前加扩散片，也可使用柔光罩等来软化光质

二、简答题

1. 皮鞋类商品的海报设计技巧有哪些？
2. 拉杆箱类商品主图如何挖掘其卖点？

三、讨论题

1. 牛反绒（磨砂皮）女士皮靴应该如何选光、布光？
2. 皮质拉杆箱商品如何选光、布光？

四、实操题

教师提供一款皮质拉杆箱商品，学生根据商品材质和特点在工作室进行布光、摆放造型、拍摄，并进行后期处理，制作海报。完成后以小组形式进行互评。

项目三

化妆 / 护肤类商品

近年来，化妆、护肤类商品网购越来越普遍。这类商品的受关注度及销量虽然不像服装类商品那样独占鳌头，但是发展速度也不容小觑。

化妆、护肤类商品因为包装及自身材质的关系拍摄时有一定的难度。拍摄这类商品时灯光如何运用、商品如何摆放、背景如何选择、后期图片如何修饰，直接影响着商品的时尚感以及用户的购买欲。项目三将以这些内容为出发点，讲述化妆、护肤类商品的拍摄及美化技巧。

【学习目标】

1. 知识目标

（1）了解化妆、护肤类商品灯光选择的知识；

（2）熟知化妆、护肤类商品拍摄的相关知识；

（3）熟悉化妆、护肤类商品图片后期处理的知识要素；

（4）熟悉化妆、护肤类商品海报、主图及详情页制作的基本要素。

2. 能力目标

（1）能够熟练运用化妆、护肤类商品灯光选择的技巧；

（2）能够使用拍摄工具完成化妆、护肤类商品拍摄任务；

（3）能够完成化妆、护肤类商品图片后期处理的基本工作；

（4）能够完成化妆、护肤类商品海报、主图、详情页的制作。

【任务分解】

任务一　彩妆类

一、彩妆类商品灯光的选择

光线对色彩的运用和色调的深浅有着很大的影响。因此彩妆类商品拍摄时对光线的要求就高一些。尤其是用于网店的彩妆类商品，更是如此。

室内自然光是由户外自然光通过门窗等射入室内的光线，方向明显，极易造成物体受光部分的明暗对比。因此，拍摄商品时常常借助人工光源。通常，拍摄对象的表面结构决定着光源的使用方式。彩妆类商品因其自身的特性，对光源的要求也就不同。下面以口红为例说明彩妆类商品拍摄时灯光应如何选择。

口红的外包装材质极易反光。一般会选择柔光箱进行拍摄，同时还会使用反光板，帮助消除或减弱金属产生的反光。假如使用闪光灯直接照明的话，最好在灯前面加硫酸纸来柔化光线，在另一侧使用白卡纸进行反光，如图 3-1 所示。

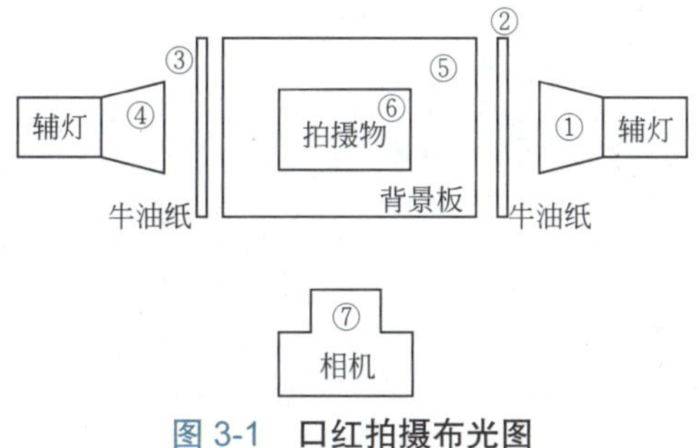

图 3-1　口红拍摄布光图

二、彩妆类商品的拍摄技巧

拍摄口红这类商品时，除了在布光方面多加注意外，卖家还应该考虑多个方面，例如商品的摆放、构图等。

（一）摆放技巧

卖家在拍摄口红这类化妆品时，一定要在摆放上下功夫。切忌毫无新意的摆放，例如将一支口红直接竖起来进行拍摄，这种方式拍摄出来的口红给人呆板的感觉，而且用户无法看见口红的内部详情，很难勾起用户的购买欲望。

拍摄时，卖家可以尝试不同造型，充分展示商品的特性、卖点等信息，如图 3-2、图 3-3 所示。图中的口红，膏体充分展示在用户面前，向用户传达了更为真实的感受，膏体细腻、饱满，能很好地展示商品的特点，其实也从侧面传递了口红的设计感。

图 3-2　口红摆放方式 1

（二）背景的选择

拍摄口红时，适当地增加背景不仅能打破画面的枯燥感，而且更能彰显拍摄主体的特点。我们拿一个黑色的 PVC 背景板做底，将被拍摄的口红放置在背景板上，并在口红的左右两侧放上牛油纸 + 标准罩的组合，如图 3-4 所示。

图 3-3 口红摆放方式 2

图 3-4 布置口红拍摄背景

此外，还可以利用口红的外包装、其他彩妆商品（例如粉饼盒）作为背景，使画面更加丰富。

（三）加入模特元素

拍摄口红时除了静物拍摄，还可以加入模特，无论是整体的妆容还是唇部的特写，都可以让口红本身的颜色生动地表现出来，如图 3-5 所示。这种漂亮的红唇极具魅惑，更易引起女性用户的共鸣。

三、彩妆类商品的图片后期处理技巧

彩妆类商品的照片通常鲜艳醒目，但是直接拍摄出来的照片很难达到这种要求。因此，就必须对所拍摄的照片进行后期的调色、去污等处理。

图 3-5 纳入人的元素——整体妆容

(一)颜色调整

在 Photoshop 中找到“图像—调整”菜单，利用该菜单对图片的亮度、对比度进行调整，如图 3-6、图 3-7 所示，可以调整数值直至满意为止，对比效果如图 3-8 所示。除此之外，还可以利用“图像—调整”菜单下的“曲线”“曝光度”等功能对图像进行修饰。

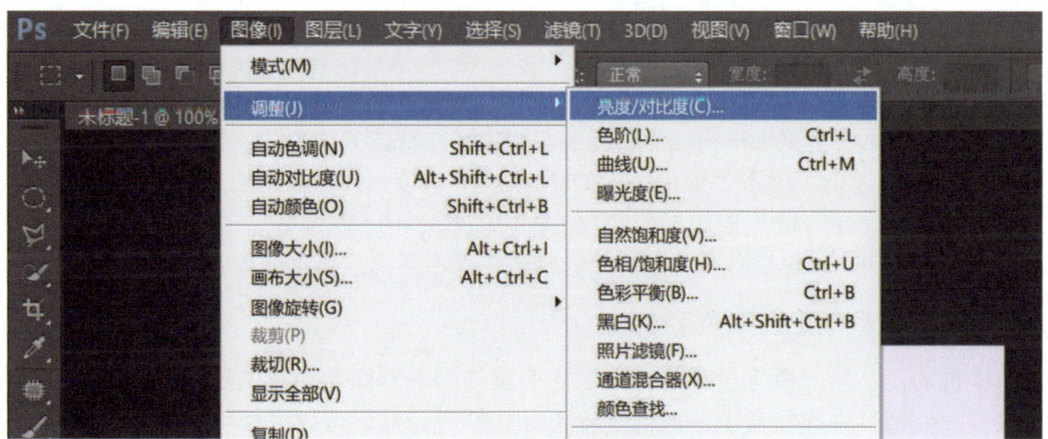

图 3-6 “图像—调整”菜单

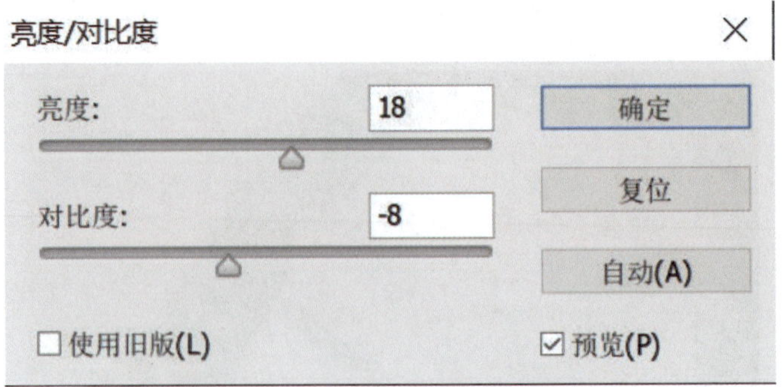

图 3-7 设置亮度 / 对比度数值

图 3-8 调整前（左图）调整后（右图）

微课 3-1 口红颜色调整实操案例

M3-1 口红颜色调整操作视频

（二）锐化处理

锐化工具可以快速聚焦模糊边缘，提高图像中某一部位的清晰度，使该区域的色彩更加鲜明。在“滤镜”菜单下选择“锐化”—“USM 锐化”选项，并在弹出的页面中对“数量”“半径”等参数进行设置，并点击确定按钮，如图 3-9、图 3-10 所示。

这里需要说明，锐化很容易使图片中的物体变得不真实，所以使用时一定要适度。

（三）消除模特身上的瑕疵

有模特的商品图，模特自身条件是否完美直接影响着商品形象的展示效果，因此，很多时候需要对照片中模特身上的瑕疵进行消除。针对口红，可以对模特唇部和面部的皮肤进行美化，从而增强商品的展示效果。磨皮处理可以让模特的皮肤变得平整而且光滑。在

Photoshop 中通过“高斯模糊”与图层蒙版的结合使用，可以达到这一目的。具体操作如下。

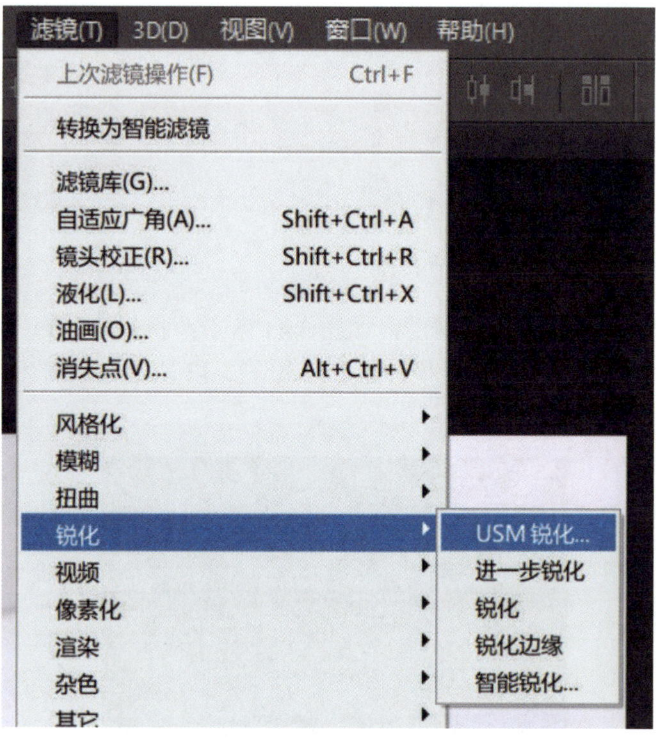

图 3-9　锐化工具菜单选项

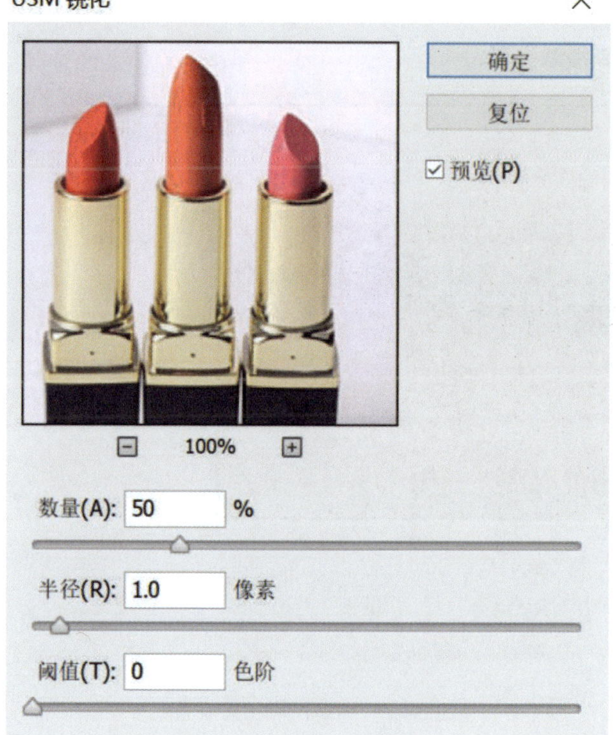

图 3-10　设置基本参数

微课 3-2 口红锐化处理实操案例

M3-2 口红锐化处理操作视频

打开模特唇部特写图片并复制图层，如图 3-11 所示；执行“滤镜—模糊—高斯模糊”菜单命令后，在打开的对话框中设置模糊半径，如图 3-12 所示；接着为图层加上黑色的图层蒙版，如图 3-13 所示。

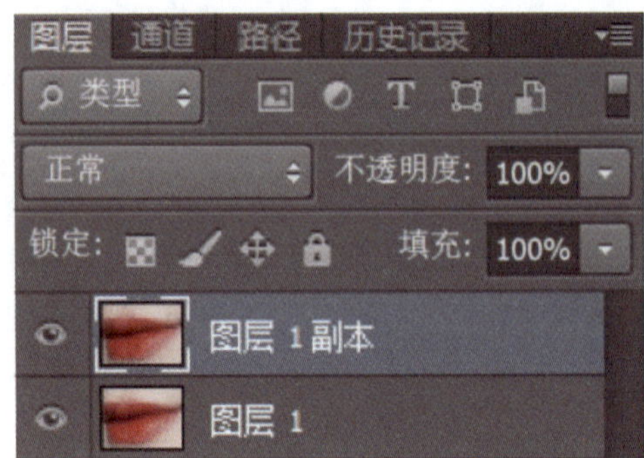

图 3-11 复制图层

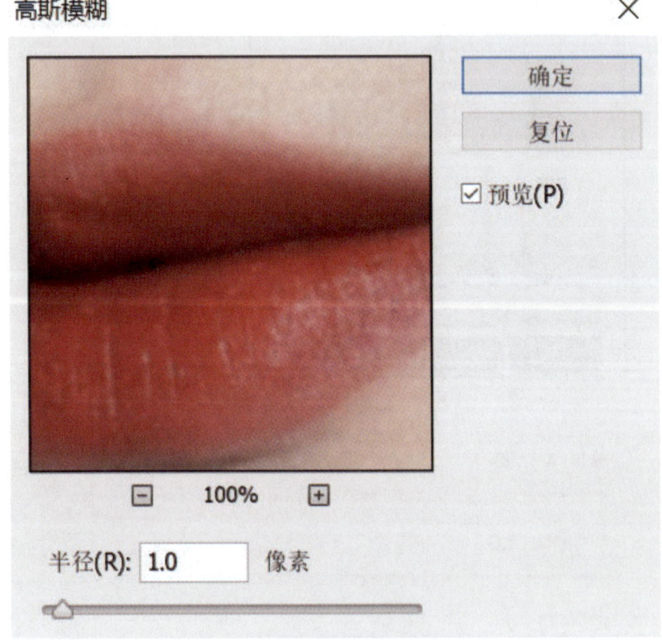

图 3-12 高斯模糊相关设置

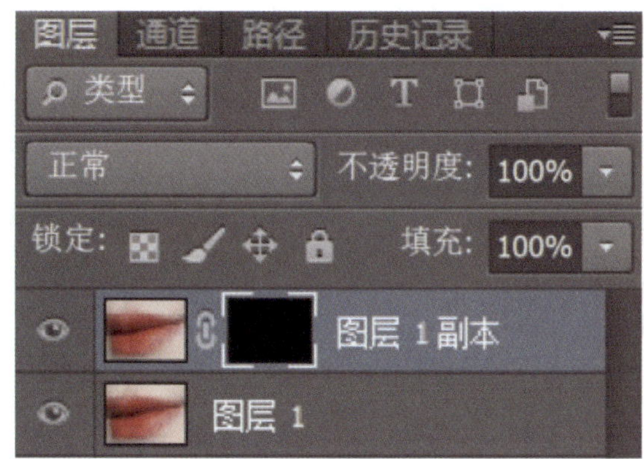

图 3-13 设置黑色蒙版

选择工具箱中的“画笔工具”，在选项栏中进行设置，如图 3-14 所示；接着设置前景色为白色，如图 3-15 所示；使用白色画笔在模特的皮肤位置进行涂抹，在涂抹的过程中可以看到原本不平整的皮肤慢慢变得细腻，显示出“高斯模糊”的滤镜效果，如图 3-16 所示。最终效果如图 3-17 所示。

图 3-14 对画笔工具进行设置

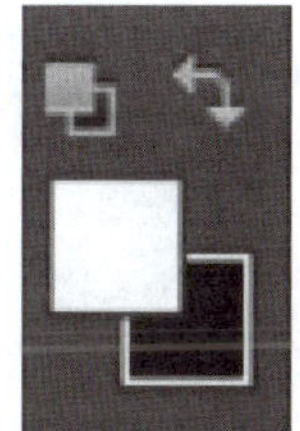

图 3-15 设置前景色为白色

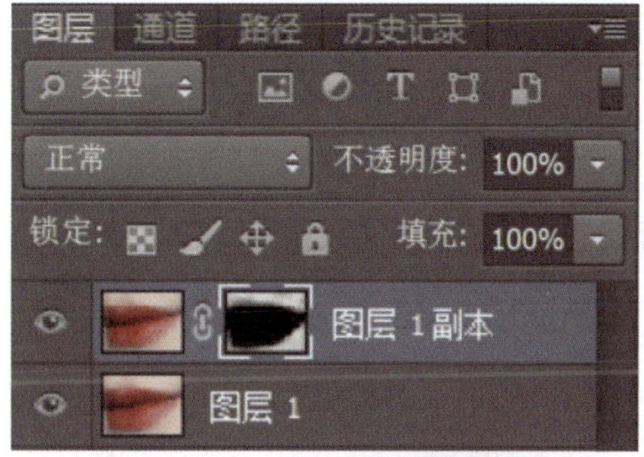

图 3-16 高斯模糊滤镜效果

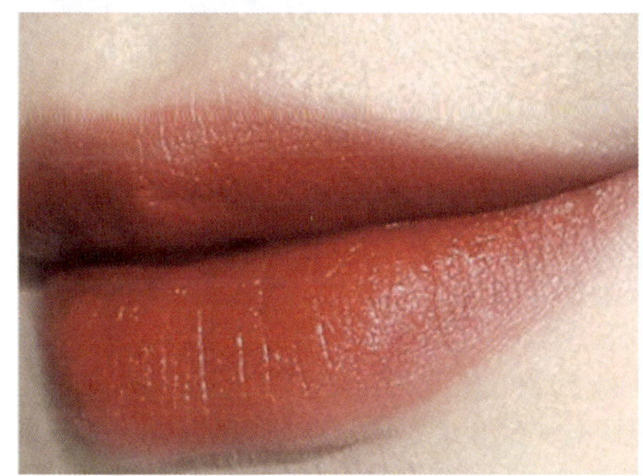

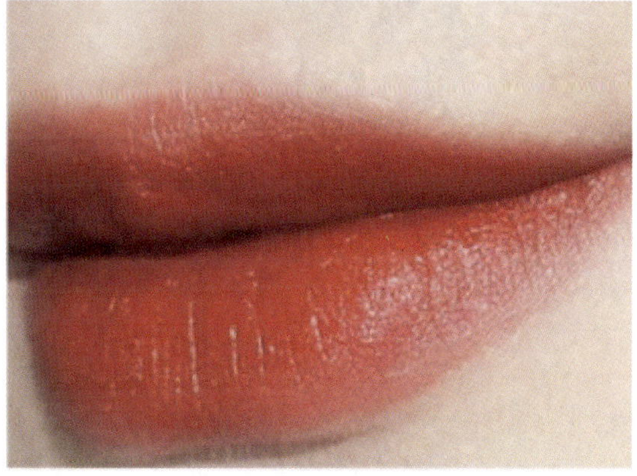

图 3-17 处理前（左图）与处理后（右图）效果对比

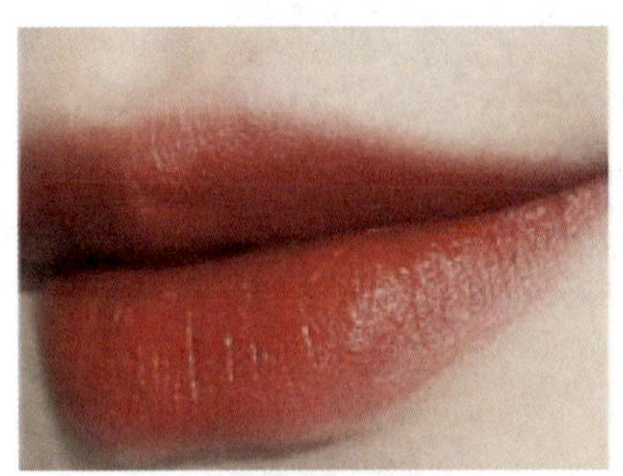

微课 3-3　磨皮处理实操案例

M3-3　磨皮处理操作视频

四、彩妆类商品淘宝海报、主图、详情页的制作

（一）海报

海报是视觉传达的表现形式之一，通过版面的构成在短时间内将人们的目光吸引，并刺激其购买商品。这就要求设计者要将图片、文字、色彩、空间等要素进行完美的结合，进而为人们传达出信息点。下面，还是以口红为例，讲解彩妆类商品淘宝海报的制作。

1. 构图

口红海报通常包含图片和文字两个元素，在处理这两个元素的时候，会用到不同的布局方法，可以是上下布局法，如图 3-18 所示，图中商品主体占了四分之三的版面，文字占了四分之一的版面，这样做的好处是可以突出商品主体；也可以是平铺式，商品主体几乎占据了整个海报，文字浮于商品之上，如图 3-19 所示。

图 3-18　口红海报 1

图 3-19　口红海报 2

2. 色调

除了构图，制作口红海报时还应该注意色调的问题。色调大体上可以分为两类：一类是整体色调比较统一，如图 3-20 所示，整个海报画面比较和谐；另一类是与口红颜色形成鲜明对比的，如图 3-21 所示，图中口红与背景色形成鲜明对比，突出口红张扬、不凡的个性，可以让用户印象深刻。

图 3-20　色调统一的海报

图 3-21　色调对比鲜明的海报

3. 文案

文案应尽量做到精简，突出口红的卖点，可以在短时间内吸引住用户的眼球，如“一抹时尚色彩”“果冻口红”等。

微课 3-4　口红海报制作实操案例

M3-4　口红海报制作操作视频

（二）制作主图

精美的图片往往是映入用户眼帘的第一关键。所以，卖家们若想在第一时间吸引顾客，设计好主图就至关重要了。设计主图时一方面要强调卖点，另一方面还应适当加入促销信息，如“两件包邮”“满二送一”等，这样的图片更能提高转化率。商品主图尺寸默认为800像素×800像素。接下来，我们以口红为例，讲解口红主图的相关知识。

口红类主图大体可以分为这几类：第一类主图为“商品主体+商品信息+商品卖点”，如图3-22所示，这样做可以突出商品主体及其卖点，吸引用户点击；第二类主图为“商品主体+促销信息”，如图3-23所示，这样做可以突出商品的优惠信息，从价格上吸引用户点击；第三类主图为“商品主体+模特+卖点信息”，如图3-24所示，这类主图中，模特信息可以带来美女效应、明星效应；第四类主图为“商品主体+品牌LOGO”，如图3-25所示，这类主图中的商品主体明确，信息简洁。卖家可以根据自己商品的特点制作出符合店铺风格的口红主图。

图3-22 口红主图1

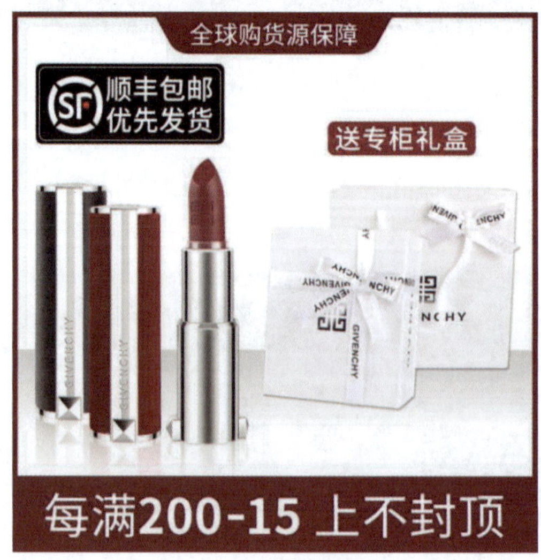

图3-23 口红主图2

图 3-24 口红主图 3

图 3-25 口红主图 4

微课 3-5 口红主图制作实操案例

M3-5 口红主图制作操作视频

（三）详情页的制作

详情页是用户决定购买与否的关键因素，设计美观、信息点明确的详情页可以让用户了解到商品的方方面面，帮助用户消除疑虑，提高网店的转化率。用户购买口红时，通常会关注颜色、健康安全、脱色、防水、滋润度、结块等关键点，所以设计口红详情页时应着重加入这几个关键点的内容的说明。

1. 颜色

很多用户购买口红时，最担心的莫过于拿到实物后发现，颜色并不是自己想要的。为了打消用户的顾虑，可以在制作详情页时，加入口红在皮肤、嘴唇上的色彩呈现图，如图 3-26 所示。

2. 健康环保

口红是涂抹在嘴唇上的彩妆，它会随着食物一起进入人体的消化系统，因此用户购买口红时也非常关注商品是否健康、安全。为了让用户消除疑虑，制作详情页时，可以将口红的制作原料展示出来，如图 3-27 所示。

图 3-26 口红颜色在手臂、嘴唇上的真实展示

图 3-27 口红原料成分说明

3. 脱色、防水及滋润度测试

口红频繁脱色也是用户的主要抱怨点之一。所以在制作详情页时，对脱色情况进行说明也很有必要，通常卖家都会用一个口杯边上的唇印进行说明，如图 3-28 所示。除脱色之外，防水性能、滋润度也是用户非常关心的问题，因此这些方面在设计详情页时也应该有所说明，如图 3-29、图 3-30 所示。

绿缘萝口红　　传统口红：易沾杯，掉色

图 3-28　口红脱色测试

冲洗前　　冲洗后

图 3-29　口红防水测试

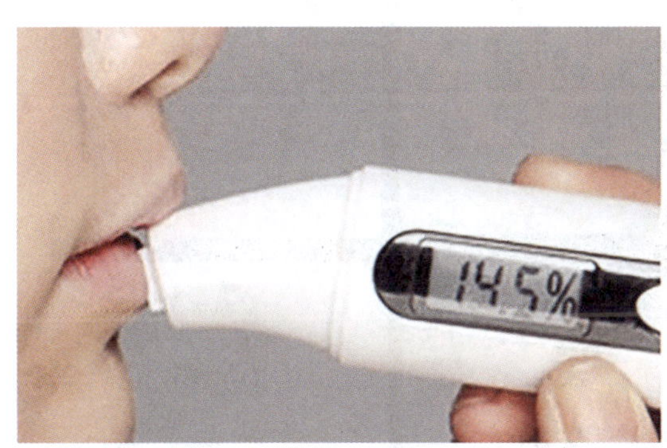

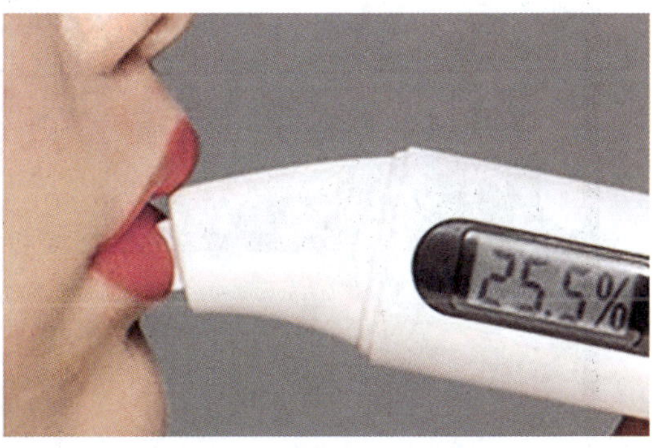

使用前，唇部干燥，无光泽　　上妆2小时后，依然水嫩

图 3-30　口红滋润度测试

4. 上色情况

口红是否结块也是用户关注的问题之一，因此详情页中最好有关于这方面的说明，如图 3-31 所示。

除了上面讲的几点，卖家在制作详情页时，还可以适当融入买家秀、使用技巧等信息，帮助用户更好地了解产品，如图 3-32、图 3-33 所示。

以上就是制作口红海报、主图以及详情页的相关知识，卖家在运用时一定要结合商品的特性灵活运用。

易上色不凝块

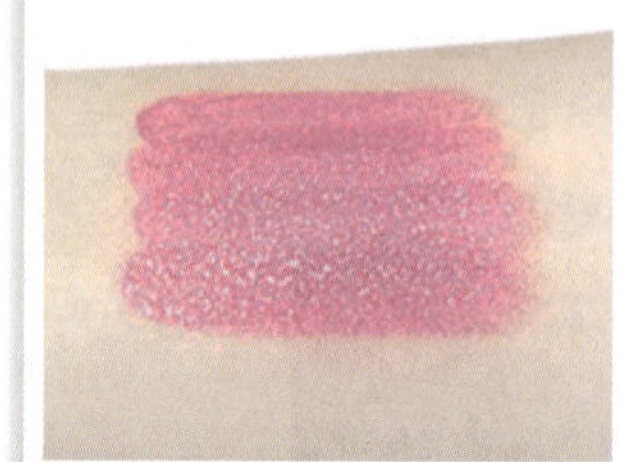
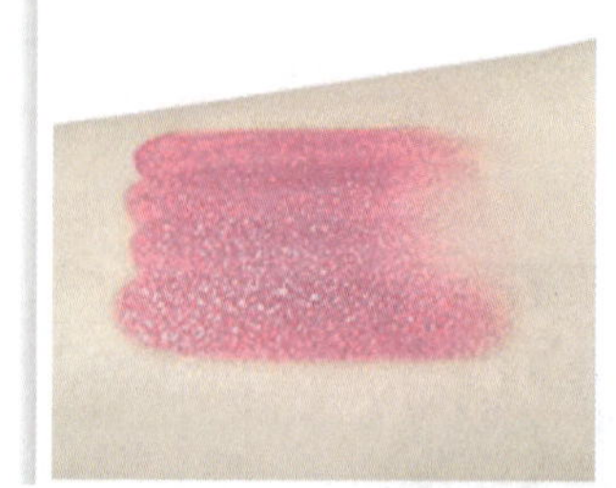

图 3-31 易上色不凝块展示

图 3-32 买家秀

潮流画法 FASHION ILLUSTRATION

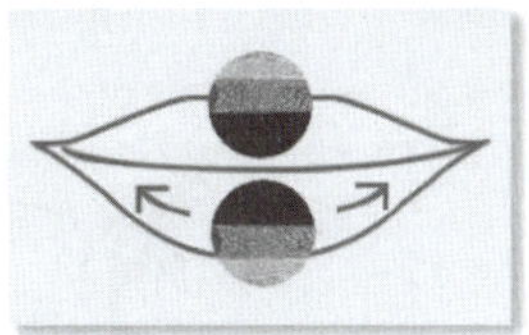

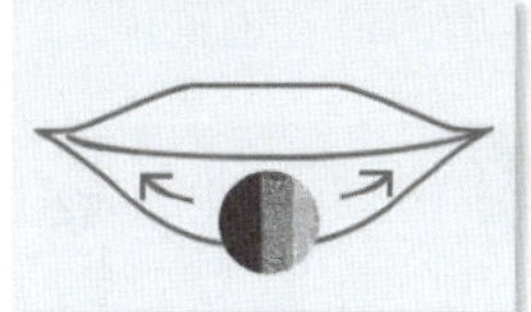

咬唇画法1

按照左图示，横切面最深的颜色向内唇涂抹，即可画出诱人咬唇妆

纯色画法2

竖切面最深的颜色向两侧擦拭，覆盖全唇，可凸显纯色的饱满唇妆。

图 3-33 口红潮流画法

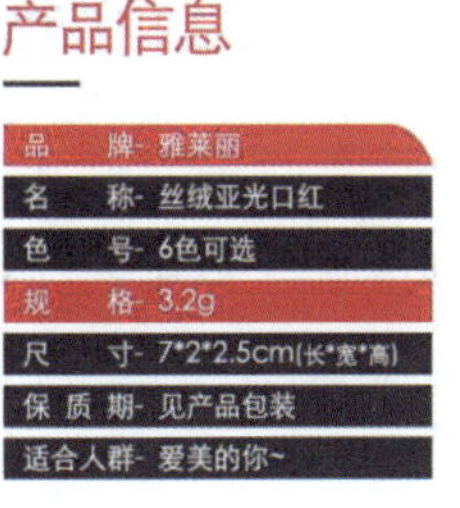

产品信息

品　牌	雅莱丽
名　称	丝绒亚光口红
色　号	6色可选
规　格	3.2g
尺　寸	7*2*2.5cm(长*宽*高)
保 质 期	见产品包装
适合人群	爱美的你~

M3-6 口红详情页产品信息制作操作视频

微课 3-6 口红详情页产品信息制作实操案例

任务二 护肤类

图 3-34 玻璃瓶爽肤水

一、护肤类商品灯光的选择

护肤品是网店经常拍摄的商品之一。护肤品的包装一般都很高档，材质、颜色无一不给人精致的感觉。因此，拍摄这类商品时应尽量拍摄得清新、淡雅，才能充分体现商品的特性，如图 3-34 所示。本节内容将以玻璃材质的爽肤水为例，介绍拍摄护肤类商品时灯光的选择问题。

玻璃材质的爽肤水，因为其外包装反光性高，所以通常都使用柔光照明的方式来表现，同时还会配合柔光罩来使用。如果直接用照明的方式拍摄，会使瓶子产生强烈的反光，令人感到非常刺眼。所以拍摄爽肤水一般都少不了使用硫酸纸，如图 3-35 所示。

主光是商品收光的主要光源，它的位置决定图片的光感。此外，灯芯一定要对准商品。主光位置为侧逆，这样拍出来的照片，整个瓶体通透、充满质感。

辅光，顾名思义就是辅助主光的另一个光源，它可以调整画面的反差，增加画面的层次感。想要把化妆品拍得有生命力，光感是第一重要因素，除了掌握反差外，微调光位，让光勾画出化妆品的轮廓也很重要，这里需要摄影师一点一点地挪动灯位，逐步找到能够勾勒轮廓的最佳位置。

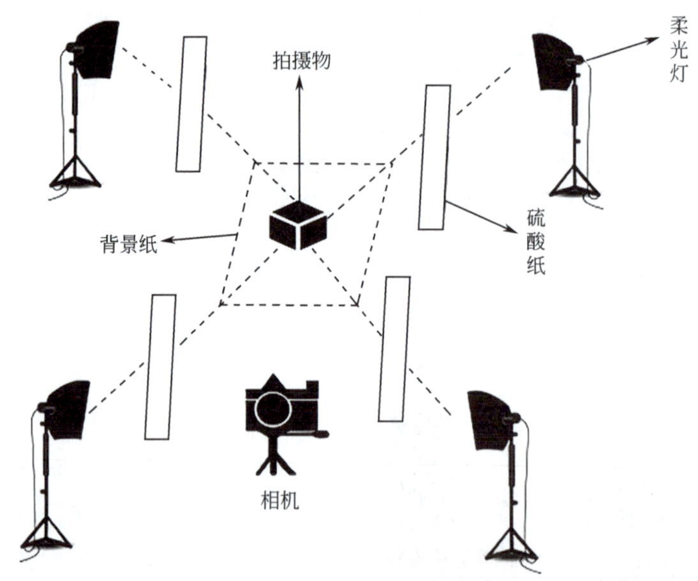

图 3-35 护肤品拍摄时常用布光

二、护肤类商品的拍摄技巧

（一）拍摄角度

想要将护肤品拍得美，除了相机和镜头这些硬件设备之外，拍摄角度也相当重要。例如仰拍和俯拍呈现出的结果大相径庭，如图 3-36、图 3-37 所示。有时为了实现某些角度的拍摄效果，还必须借助其他工具，将商品支撑起来。

图 3-36 仰视拍摄

图 3-37 俯视拍摄

(二)背景的选择

拍摄者还可以根据商品的颜色来选择背景颜色。同时,选择一些漂亮的配景也可以提升商品的格调,使画面富有情趣。摆放化妆品时最好是明暗穿插,如图 3-38 中的爽肤水,整个色调偏淡,勺子和置物架颜色则比较深,这样做可以让整个画面更加丰富、立体。此外,爽肤水摆放时,也稍微侧放一些,这样做可以看到其他几个面。

图 3-38 爽肤水背景搭配

(三)加入模特元素

爽肤水的拍摄过程中,也可以加入模特的元素,需要注意的是,这里选择的模特和彩妆模特大不相同。爽肤水拍摄时,模特最好不要化浓妆,否则很容易将用户的目光都吸引到彩妆上。同样的道理,模特的头发、配饰也都应该简单处理。最关键的是模特的皮肤一定要好,这样更有利于传达爽肤水的功效,提高网店转化率。如图 3-39 所示,图中模特素衣素妆,头发向后扎起,手持吸满爽肤水的化妆棉在额头上轻按,很容易将用户的目光吸引到其通透、饱满的面部肌肤上,从而达到宣传爽肤水卖点的作用。

图 3-39 模特使用爽肤水图

三、护肤类商品的图片后期处理技巧

护肤类商品前期的拍摄很重要，后期的处理更是重中之重，因为商品材质的关系，后期处理过程中对光的要求更高。下面以玻璃瓶爽肤水为例说明护肤品后期处理的技巧。

（一）修正图片明暗度

调整图片的明亮度可以增强玻璃瓶爽肤水的质感，从外观上引起用户的兴趣，具体操作步骤如下。

步骤 1：打开 Photoshop 软件，并打开需要调整的图片，选择“图像”菜单下的“调整”—“曲线”按钮，如图 3-40 所示。

图 3-40 曲线工具

步骤 2：在弹出的对话框中拖拽曲线，向上箭头方向拖拽可使图片更亮，向下箭头方向拖拽图片会调暗，调整合适后点击“确定”按钮即可，如图 3-41 所示。

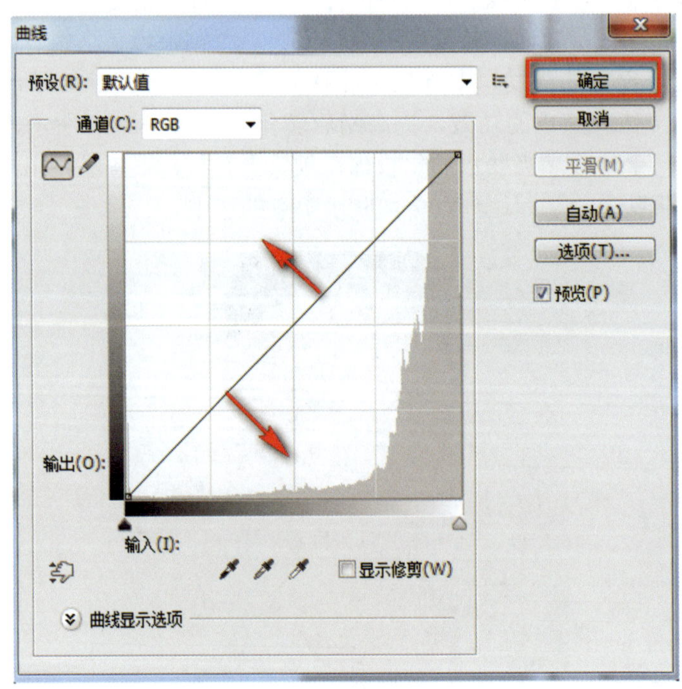

图 3-41 调整明暗度

此处应注意，除了“曲线”工具，“色阶”工具也可以调整图片的明暗度。

（二）突出玻璃瓶晶莹剔透的质感

拍摄玻璃制品时，有时可能出现因为拍摄光线的原因，拍摄出的照片偏暗，不能体现玻璃制品晶莹剔透的感觉。此时就可以通过后期的处理，达到理想的状态。

首先打开准备好的图片，复制图层，然后将图层的混合模式更改为“滤色”，以此来提升照片的亮度，改善画面的曝光度。为了尽可能保留瓶体外观细节，还可以使用“不透明度”控制亮度的高低，如图 3-42 所示。

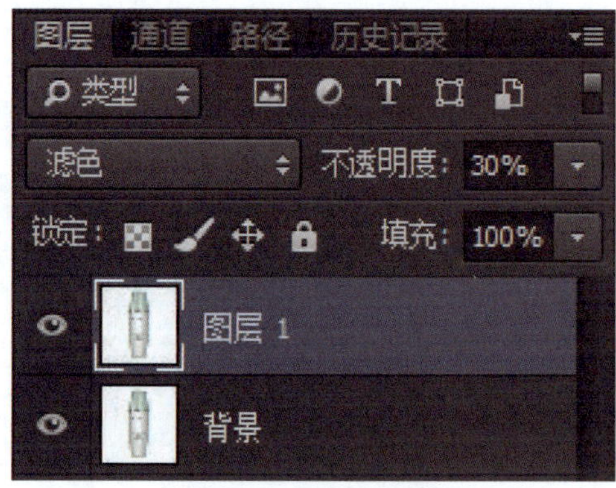

图 3-42　滤色设置

创建“曝光度”调整图层，如图 3-43 所示。通过调整“属性”面板中的参数来提升画面明暗之间的对比度，增强玻璃的通透感，如图 3-44 所示。

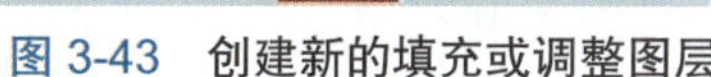

图 3-43　创建新的填充或调整图层

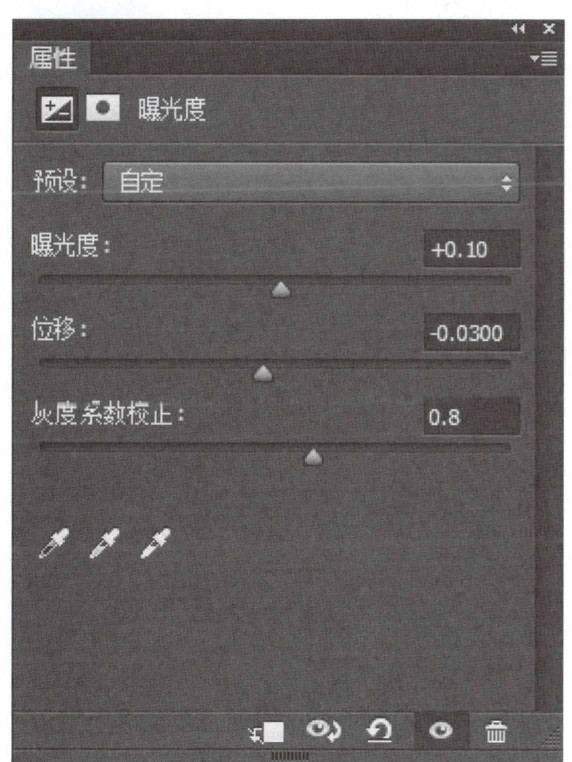

图 3-44　调整曝光度

创建“曲线”调整图层，如图 3-45、图 3-46 所示，选择“预设”下拉菜单中的“增加对比度”选项，此时曲线会自动变为“S”形状。此时，爽肤水瓶体的层次感更强，拥有较强的立体感和透明感，如图 3-47 所示。

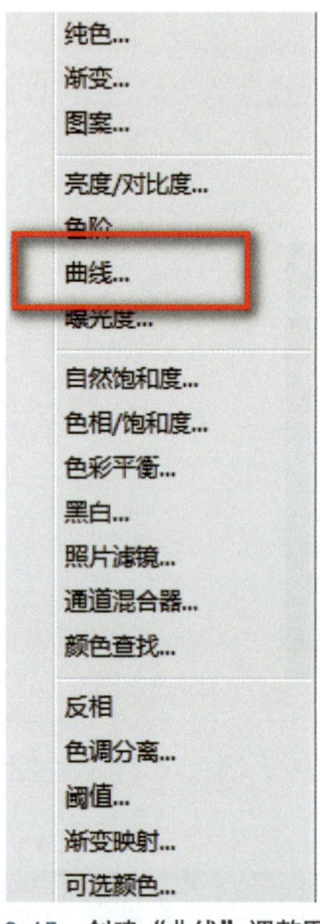

图 3-45　创建“曲线”调整图层

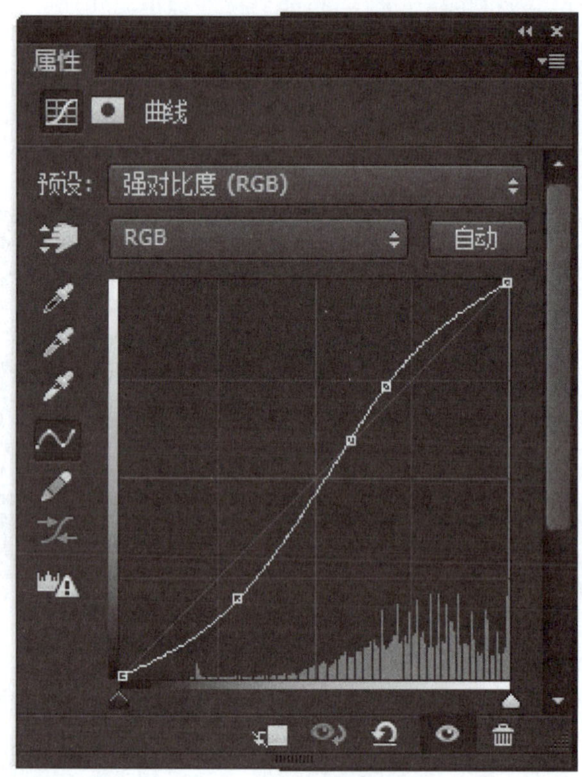

图 3-46　设置“增加对比度”

图 3-47　调整前（左图）和调整后（右图）的对比

M3-7 突出玻璃瓶质感操作视频

微课 3-7 突出玻璃瓶质感实操案例

四、护肤类商品淘宝海报、主图、详情页的制作

（一）海报制作要点

不同于彩妆海报张扬的特点，护肤品海报相对低调一些，主要目的是展示商品卖点，如滋润、保湿、抗皱等特性。因此在制作护肤品海报时，除了要表现出护肤品本身的高档、奢华的特性，如果海报中有模特，那么对模特面部皮肤的要求也比较严格。下面以玻璃瓶爽肤水为例，介绍护肤品海报的制作要点。

1. 文案

文案是对商品主体的进一步说明，海报文案应该尽力做到简洁，并可以直击用户“痛点”，如图 3-48、图 3-49 中“肌肤 24 小时补水不间断”的宣传用语可以迅速打动用户。

图 3-48 爽肤水海报 1

图 3-49 爽肤水海报 2

2. 背景元素

背景也是构成海报的重要元素之一，好的背景，不仅可以烘托出商品主体，还可以增加海报的美感，因此，制作爽肤水海报时应把握好整体色调的和谐，如图 3-50、图 3-51 所示，背景色都很好地和商品主体相呼应。

3. 商品主体

护肤品海报商品主体图片一定要大气，尽可能详尽地展示出瓶身的商品信息，而且图片一定要体现出光、透、亮的感觉，从视觉上打动用户。如图 3-50、图 3-51 所示，海报中爽肤水瓶体晶莹透亮，给人强烈的视觉冲击。

图 3-50 爽肤水主图 1

图 3-51 爽肤水主图 2

除了上面讲到的几个问题，制作爽肤水海报时还应该注意构图问题，构图要把握住“美”这一原则。综上，就是护肤类商品海报的制作要点。

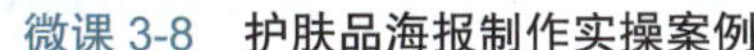
微课 3-8　护肤品海报制作实操案例

M3-8　护肤品海报制作操作视频

（二）主图制作要点

爽肤水主图制作时，主要包括商品主体、背景、文案、商标这几个因素。第一种组图方式，可以是商品主体 + 卖品卖点 + 品牌标识，如图 3-50 所示，这种组合方式可以简单快速让用户了解商品；第二种组图方式，可以是商品主体 + 品牌标识，如图 3-51 所示，这种组合方式充分体现了品牌价值及其影响，如果是大品牌，会获得浏览商品用户的信任，如果是不知名的品牌添加标识，会让用户觉得商品比较正规，同时也能让用户在浏览商品时逐步建立品牌认知；第三种组图方式，可以是商品主体 + 模特 + 卖点 + 品牌标识，如图 3-52 所示，这种组合方式的优点是利用名人效应，同时无形中还能将商品的卖点扩大化；第四种组图方式，可以是商品主体 + 促销信息 + 品牌标识，如图 3-53 所示，促销信息的吸引力是不容忽视的，因此可以在主图制作时适当安排。同时，很多主图中都标注了“线上专柜”的标志，这也是品牌效应的体现，更容易让用户产生信任感。

图 3-52　爽肤水主图 3

图 3-53　爽肤水主图 4

介绍完主图的组合形式，再来讲讲文案的设计。主图中的文案应该努力做到简洁、清楚，能够直击用户“痛点”。切忌大量堆积文字，否则会让主图成为“牛皮癣”图片。

在主图背景设置方面，应尽量符合商品的特性。由于商品主体是主图需要重点突出的，所以在处理背景颜色与商品主体之间的关系时，就不能太过强调背景而弱化商品主体，这样只会喧宾夺主。

以上内容就是设计主图时应该注意的主要问题了，卖家在实际制作过程中应结合自己商品的特点进行设计。

微课 3-9 护肤品主图制作实操案例

M3-9 护肤品主图制作操作视频

（三）详情页制作要点

商品详情页中的常见板块包括：收藏关注 + 优惠券、焦点图、推荐热销商品、商品详情、模特图、场景图、商品细节图、同类商品对比图、买家秀或信誉展示图、搭配推荐、购物须知、品牌文化简介等内容。

详情页就像实体店铺中的导购员，过于死板的信息说明就像是推销员过于生硬的态度，会让用户产生反感，甚至关掉详情页面。因此，制作详情页时，应该做得生动些，切忌生硬死板。卖家可以根据自己店铺的实际情况选择详情页版块内容。

护肤品类商品详情页制作时，大多包含关联营销、商品详情、目标用户、商品优势以及买家秀等几部分信息。

1. 关联营销

关联营销是制作详情页常用到的内容，爽肤水是护肤开始的第一步，后面会用到精华、面霜、防晒等商品，因此在制作爽肤水详情页的时候，卖家一般都会加入精华、面霜、防晒等商品的关联营销或者是成套商品的关联营销，如图 3-54 所示。设置这种关联营销后，有

图 3-54 关联营销

相关需求的用户会点击查看，从而提高整个网店的客单价。

2. 商品文字详情说明

区别于其他商品，护肤类商品制作详情页时也会融入商品文字详细说明，如产地、保质期、适用年龄、主要成分等，不同于商品详情页中的图片介绍，这里将所有内容集中在一起，更加便于用户全面了解商品信息，如图 3-55 所示。

图 3-55　商品详情

3. 商品细节说明

爽肤水的细节说明也呈现出不同的特点，如：瓶子材质，是玻璃材质还是塑料材质；使用方式，是直接倒取式的还是按压泵式；另外，还有商品黏稠度的展示等，如图 3-56 ～图 3-58 所示。这些细节展示，不仅可以让用户了解商品详情，还可以让用户了解商品人性化的设计。有时候仅仅在设计方面的差异就可以导致获取或者流失一个用户，因此在商品细节展示方面应该尽可能详细，并重点突出商品的优点。

图 3-56　商品细节图 1

图 3-57 商品细节图 2

图 3-58 商品细节图 3

4. 目标用户

与其他商品不同，购买护肤品类商品的用户通常是带着保湿、美白、抗皱这些诉求去寻找商品的。如果在详情页制作过程中可以设置目标用户，被用户选中的机会就会多一些。如图 3-59 所示，图中列举了这几类目标用户，几乎涵盖了所有爱美的女性，当用户看到图中的目标用户时，总能从中找到一点自己的影子，购买商品的机会就增大。

5. 商品优势

要想抓住用户的眼球，让其在琳琅满目的爽肤水中选择卖家的商品，就需要在详情页中说明商品的优势。例如，可以从商品的制作原料、使用效果测试等出发，如图 3-60、图 3-61 所示。这些数据和资料直接表明了商品的科技含量及其功效，也更能说服用户做出选择。

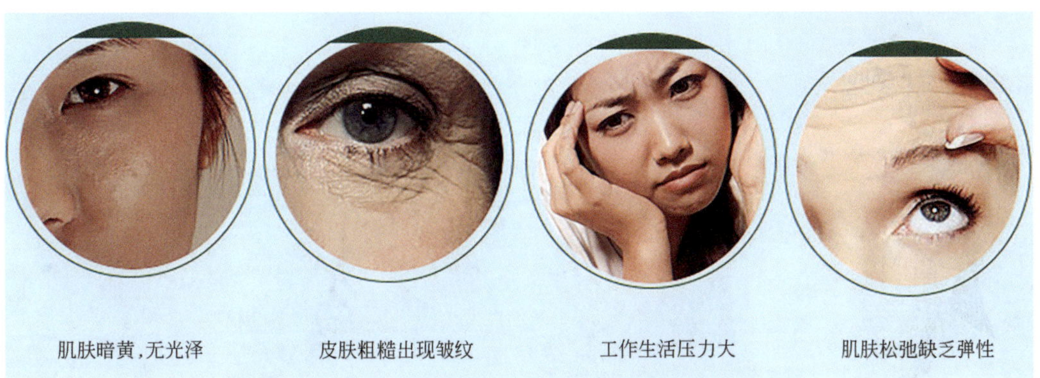

图 3-59 目标用户

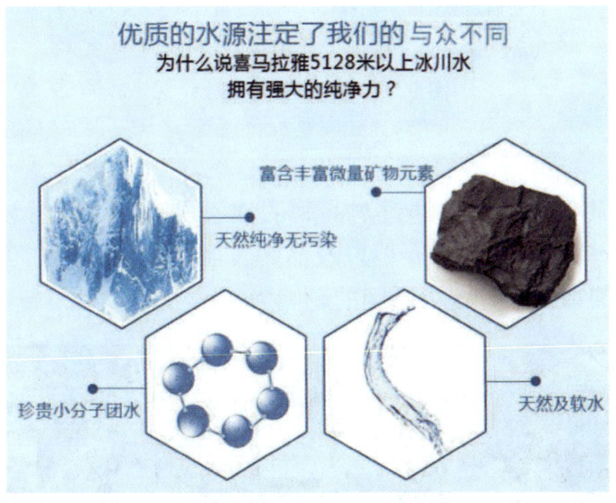

图 3-60 商品优势解析

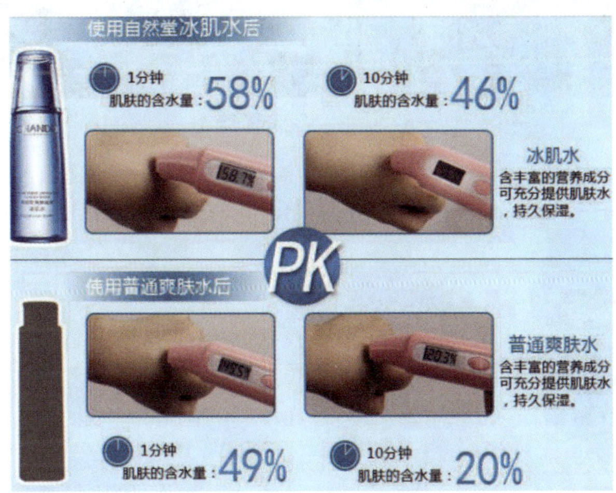

图 3-61 专业商品效果测试

6. 使用方法

同样的护肤品使用方法不同，最终的效果也是不同的。如果能在详情页中加入使用方法，不仅能够体现品牌的专业性，而且能更好地帮助用户使用商品，如图 3-62 所示。

1.用化妆棉蘸取足量化妆水，按眉间、太阳穴顺序轻柔涂抹

2.从眉间到鼻尖向下涂抹2~3次，软化并清理区域堆积的角质层

3.从眼角向鼻下方涂抹，绕唇部一圈，然后从下颚向太阳穴方向涂抹

4.在易出现干纹的眼周、毛孔粗大区域轻轻拍打，收敛补水

图 3-62 商品使用方法介绍

7. 品牌详情

详情页中加入品牌简介，用户通过对品牌的深入了解，可以增强对商品的信任感。如图 3-63、图 3-64 所示，通过对线下专柜以及品牌发展历程的介绍，可以打破用户对品牌仅仅是“著名品牌”的简单认知，增强品牌的影响力。

图 3-63 品牌详情 1

20年专注中国肌肤问题

• 伴你左右 定制之美

1991 资生堂丽源化妆品有限公司正式成立
1994 "AUPRES欧珀莱" 产品上市
2001 国内第一套男士高档化妆品 "JS/俊士" 系列上市
2008 "AUPRES 欧珀莱 "全面更新品牌形象
2011 资生堂进入中国30周暨SLC成立20周年庆典
2012 全新AUPRES PREMIUM欧珀莱臻源新肌系列上市
2012 全新AUPRES MEN 欧珀莱俊士系列上市
2013 AUPRES欧珀莱进驻天猫，开启新篇章
2014 欧珀莱品牌20周年

图 3-64 品牌详情 2

卖家按照以上几点在 Photoshop 中将所需图片处理好，然后登录卖家账号，进入后台，运用“淘宝神笔”工具即可制作出详情页，具体操作参看项目二相关内容。

微课 3-10 护肤品详情页焦点图制作实操案例

M3-10 护肤品详情页焦点图制作操作视频

【相关知识】

一、静物拍摄

静物拍摄区别于人物拍摄、景物拍摄，是将无生命的物体人为组合起来进行拍摄，多以工业或手工制成品、自然存在的无生命物体等为拍摄对象。化妆、护肤类商品的拍摄也是静物拍摄的一种。

二、化妆 / 护肤类商品的色调

色调是商品个性的一种体现，静物拍摄时可以从道具、色彩的选择，灯光的布置，背景的取舍去营造不同的色调，表现不同的个性。有时在一个色调中有一点对比强烈的色调，反而会起到意想不到的效果，犹如舒缓的音乐中突然加入几个起伏的音调，反而更能给人带来震撼。化妆、护肤类商品拍摄中也可以借鉴这种做法来突出主体。

【同步实训】

一、实训概述

本项目实训为化妆、护肤类商品的拍摄及制作，学生通过本项目的学习，能够掌握化妆、护肤类商品拍摄与后期处理的具体方法与技巧，并能完成商品的海报、详情页与主图的设计与制作。

二、实训素材

（1）装有 Photoshop 软件的电脑；
（2）化妆、护肤类商品，相机等。

三、实训内容

实训任务一　彩妆类

步骤 1：学生对化妆品商品进行拍摄，在拍摄时注意突出商品的特点。
步骤 2：学生利用 Photoshop 对拍摄成果进行后期美化处理。
步骤 3：学生根据商品特点完成主图、海报以及详情页的设计与制作。

实训任务二　护肤类

步骤 1：学生对护肤类商品进行拍摄，在拍摄时注意突出护肤类商品的特点。
步骤 2：学生利用 Photoshop 对拍摄成果进行后期美化处理。
步骤 3：学生根据商品特点完成主图、海报以及详情页的设计与制作。

四、考核评价

<table>
<tr><th>项目名称</th><th colspan="5">化妆、护肤类商品</th></tr>
<tr><td>任务完成方式</td><td colspan="5">小组协作完成
个人独立完成</td></tr>
<tr><td>评价项</td><td colspan="4">评价点</td><td>总分值</td></tr>
<tr><td>彩妆类商品信息采编</td><td colspan="4">1. 拍摄彩妆时灯光的选择与利用是否恰当（10 分）
2. 拍摄成果是否能突出彩妆类商品的卖点（10 分）
3. 能否对拍摄成果进行恰当的后期美化处理（15 分）
4. 能否制作出符合彩妆类商品要求的主图、海报以及详情页（15 分）</td><td>50 分</td></tr>
<tr><td>护肤类商品信息采编</td><td colspan="4">1. 拍摄护肤品时灯光的选择与利用是否合理（10 分）
2. 拍摄护肤品时角度和背景的选择是否合理（10 分）
3. 能否对拍摄成果进行恰当的后期美化处理（15 分）
4. 能否根据设计制作出符合护肤类商品要求的主图、海报以及详情页（15 分）</td><td>50 分</td></tr>
<tr><td colspan="6">本主题学习单元成绩：</td></tr>
<tr><td>自我评价</td><td>（20%）</td><td>小组评价</td><td>（20%）</td><td>教师评价</td><td>（60%）</td></tr>
<tr><td colspan="6">存在的主要问题</td></tr>
</table>

【巩固与提高】

一、单选题

1. 关于室内自然光说法正确的是（　　）。

A．由户外自然光通过门窗等射入室内的光线

B．方向明显

C．极易造成物体受光部分和阴暗部分的明暗对比

D．以上均是

2. 拍摄口红商品时会用到的辅助材料是（　　）。

A．柔光箱　　B．遮光板　　C．硫酸纸　　D．以上均是

3. 下列工具不能为商品调整色调的是（　　）。

A．裁切　　B．曲线　　C．曝光度　　D．色阶

4. 主图的默认尺寸是（　　）。

A．950 像素 ×300 像素　　B．800 像素 ×800 像素

C．800 像素 ×700 像素　　D．500 像素 ×500 像素

5. 关于护肤品拍摄时主光运用说法错误的是（　　）。

A．商品吸收的主要光源

B．它的位置决定图片的光感

C．灯芯不一定要对准商品

D．主光位置为侧逆，拍出来的护肤品瓶体通透、充满质感

二、简答题

1. 口红商品的主图是由哪些元素构成的？
2. 护肤品详情页常见的版块有哪些？

三、讨论题

1. 彩妆类商品拍摄时应该怎样摆放？
2. 护肤类商品拍摄时背景应该如何选择？

四、实操题

教师提供一组由于拍摄不当导致彩妆商品色调偏暗的素材，学生根据教师的素材进行图片的后期修正，完成后以小组形式进行互评。

项目四

数码类商品

随着网络购物越来越便捷，网购数码类商品也逐渐成为人们日常生活的常态，但相比起其他品类的商品，网购的数码类商品在拍摄与美化的过程中，由于某些数码商品的材质比较特殊，其在呈现上的要求相较于其他品类的商品要更高一些。

本项目将根据笔记本电脑类商品与手机类商品的特点，从商品信息采编的角度讲述数码类商品从拍摄到美化的一系列流程以及数码类商品图片后期处理的具体方法与技巧。

【学习目标】

1. 知识目标

（1）了解笔记本类商品的布光方法；

（2）了解不同材质的手机类商品的布光要点；

（3）掌握拍摄的方法及技巧；

（4）掌握数码类商品后期处理时所用到的方法；

（5）熟悉数码类商品海报、主图及详情页的相关技巧知识。

2. 能力目标

（1）能够掌握不同的数码类商品布光方法；

（2）能够使用拍摄工具完成数码类商品的拍摄任务；

（3）熟练掌握笔记本电脑类与手机类商品图片的后期处理技巧；

（4）能够完成数码类商品的海报、主图、详情页的制作。

【任务分解】

任务一　笔记本电脑类

一、笔记本电脑类商品灯光的选择

笔记本电脑类商品的结构虽然简单，就好似放大的翻盖手机，但是拍摄起来并不容易。在进行笔记本电脑类商品的拍摄时，其照片的好坏与曝光量有关，而曝光量则与通光时间（快门速度决定）、通光面积（光圈大小决定）有关。因此拍摄笔记本电脑类商品需要得到正确的曝光量，主要通过正确的快门与光圈的组合获得。即：快门快时，光圈就要大些；快门慢时，光圈就要小些。同时还要借助手动模式来指定光圈的大小与快门的速度。

光圈越大，则单位时间内通过的光线越多，反之则越少。光圈的一般表示方法为字母“F+数值”，例如F5.6、F4等。这里需要注意的是数值越小，表示光圈越大，比如F4就要比F5.6的光圈大，并且两个相邻的光圈值之间相差两倍，也就是说，F4比F5.6所通过的光线要多两倍。相对来说，快门的定义就很简单了，也就是允许光通过光圈的时间，表示的方式就是数值，例如 1/30s、1/60s 等，同样两个相邻快门之间也相差两倍。

光圈和快门的组合就形成了曝光量，在曝光量一定的情况下，这个组合不是唯一的。例如当前测出正常的曝光组合为 F5.6、1/30s，如果将光圈增大一级也就是 F4，那么此时的快门值将变为 1/60，这样的组合同样也能达到正常的曝光量。不同的组合虽然可以达到相同的曝光量，但是所拍摄出来的图片效果是不相同的。然而，笔记本电脑的体积加大了灯光处理的难度，如果灯光照射不均匀，那么拍摄出的照片效果一定是不理想的，因此在运用闪光去拍摄笔记本电脑类商品时，除了运用标准罩加柔光纸让光线变得柔和以及用灯具营造亮度之外，还需要拿捏闪光灯的角度。常见的笔记本电脑类商品的布光图如图 4-1 所示。

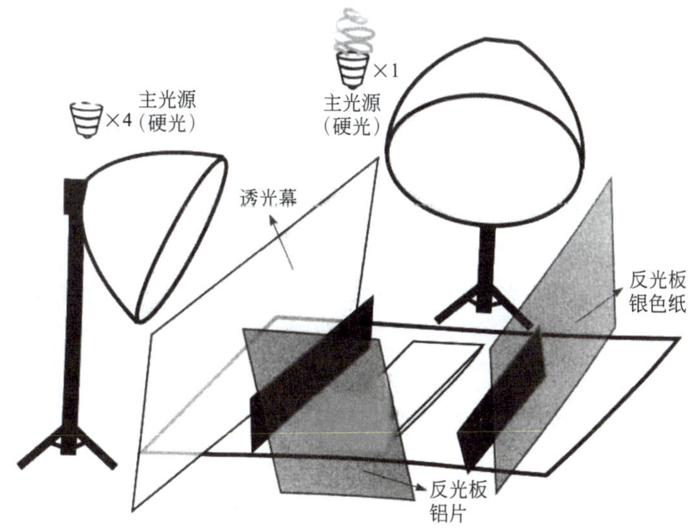

图 4-1 笔记本电脑类布光示意图

除此之外，在拍摄笔记本电脑类商品时，还可以尝试以下用光办法与技巧。

（一）改变闪光的角度

很多人在使用闪光灯进行拍摄时，习惯性地让闪光灯与被摄物体平行，以便令光线变得均匀；但是在拍摄笔记本电脑这类具有反光性的物体时，若闪光灯与被摄物平行，会在物体上产生亮斑，破坏画面的和谐。这个时候应适当改变相机的拍摄角度，从侧面进行拍摄，这样就能避免产生亮斑。在拍笔记本电脑整机时，也可以用常规角度来拍摄。拍摄键盘时，可以加大倾斜角度来拍摄，这样效果会更好。

（二）主体与背景反差大时适当补光

不要以为只有在光线较暗的情况下才需要使用闪光灯，有时在光线充足的情况下，也必须使用闪光灯进行补光。在进行拍摄时，笔记本电脑的屏幕本身就是发光体，主体与背景的反差很大。如果只顾及对主体进行曝光，那么背景必然曝光过度，而如果正常还原了背景，主体又曝光不足，这时就需要用闪光灯进行补光了。

具体可以将相机设置成光圈优先模式，设定光圈的数值，利用点测光对背景进行测光，记下测得的快门值。然后切换到手动模式，设置成刚才所测得的光圈和快门值，再将闪光灯设置成强制闪光进行拍摄。这样就能兼顾主体和背景，照片的背景还原正常，主体也可以得到很好的表现。

除此之外，外闪也是主体与背景反差大时适当补光的另一种常见方法。因为内置闪光灯功率小，所拍摄的范围小，而外闪的功率大，相对拍摄的范围也广一些。内置闪光灯已经固定，无法调整方向，而外闪可以灵活地进行上下、左右的调节，使用起来更方便。不过，不是所有的数码相机都可以配置外闪，数码相机要具有热靴或者同步接口才能使用外闪。另外，如果选择了手动的外闪，那么在拍摄时就需要设定合适的光圈值。*GN*(闪光指数)= *F*(光圈）×*L*（距离)，是根据相机与被摄者的距离设定光圈的大小。例如外闪的闪光指数为 24，距离被摄者为 3m，那么光圈就应该设置在 F8。由于闪光灯的闪光时间很短，此时快门设置就不太重要了，设置成为安全快门（也就是此时镜头焦距的倒数）就可以了。

而在平时使用闪光灯的拍摄中，闪光灯一般直接对着被摄者，这样很容易造成阴影，而利用跳闪就可以很好地解决这个问题。跳闪是外闪中一个很常见的使用方式，也就是说闪光灯不直接对着被摄者，而是形成一定的角度。利用墙壁、天花板进行反光，这样能使光线变得自然、柔和。

二、笔记本电脑类商品的拍摄技巧

笔记本电脑类商品在进行拍摄时，首先需要对角度的摆放进行仔细研究。无论是笔记本电脑本身的摆放角度，还是拍摄者的拍摄角度，都可以尝试加大倾斜度来拍摄以呈现笔记本电脑的每个角度，遇到某些独特的角度时就要考虑哪个角度更适合，而且这个特殊角度拍摄时是否需要额外的灯具来增加照明。笔记本电脑的整体外观及光滑的表面，要求拍摄者要注意灯光的控制。通常，控制好高光区的反光，是能否更好地表现笔记本电脑质感的关键，如图 4-2 所示。

图 4-2 **笔记本电脑展示 1**

其次，虽然笔记本电脑没有类似相机产品那么多侧面需要拍摄，但是各个地方的插孔都是需要进行展示的，如反映笔记本电脑上的各个接口插槽等。除此之外，键盘的细节拍摄也很重要，可以通过掌握照明拍摄到位，让买家通过画面“体会”到舒适的手感，如图 4-3、图 4-4 所示。

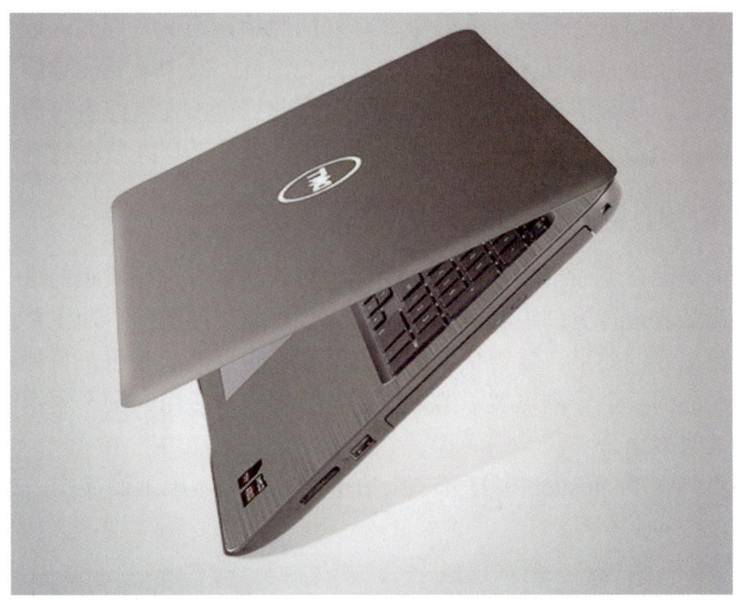

图 4-3 笔记本电脑展示 2

图 4-4 笔记本电脑展示 3

最后，有些笔记本电脑在设计上可能会有一些独特之处，会添加些设计感很强的灯来装饰整个机身。比如，笔记本电脑的键盘上也可以亮灯，方便人们在夜间使用；还有，笔记本电脑的屏幕本身就是个发光体。面对这类笔记本电脑，应该怎样操作才能把这些亮灯的地方拍摄出来呢？如果按照一般的拍摄方式，拍摄出的照片其亮灯效果是不明显的。因此，为了更好地呈现笔记本电脑的发光特质，可以采用以下步骤拍摄：

① 找准角度，对好焦点，将笔记本电脑上该亮的灯都调亮；

② 关闭屋内的所有灯，包括造型灯；

③ 将相机快门调至 B 门，对准笔记本长时间曝光，直到亮灯的区域得到正常曝光，记录下曝光时间；

④ 正式拍摄，手握引闪器，在相机长时间曝光的时候引闪闪光灯。

采用这种方式拍摄，就会得到一张效果非常好的照片，不仅亮灯的区域亮了起来，而且非亮灯的地方也得到了正常的曝光，看起来非常赏心悦目。其中需要注意的是，有的相机采用的是后帘同步快门，这种情况可以直接将其调节到此挡位，安装好引闪器，在黑暗中对亮灯区域曝光，在快门闭合的一瞬间，相机会引闪闪光灯，非亮灯区域也会得到正常曝光。

三、笔记本电脑类商品的图片后期处理技巧

数码产品类的商品在完成拍摄后，通常都需要对商品本身进行质感的进一步提升，加强光影的层次，将商品表现得更加锐利、有诱惑力。数码类产品图的后期主要在于对产品图的基色的把控，要想出好的效果，就得找到相容但又有一定反差的颜色，另外还需要把握产品呈现的角度，把商品的黄金分割点展示给人们，并且要善于应用光影，利用明暗对比效果等突出商品本身的某些方面。

基于上述要点，在 Photoshop 中打开一张拍摄好的笔记本电脑商品图，首先选择对图片进行抠图处理，如图 4-5 所示。

图 4-5 抠图处理

完成抠图处理后，接着需要对商品进行明暗光线的处理，加强笔记本电脑的质感。为抠取出来的笔记本电脑图层添加图层样式——“渐变叠加”，参数设置如图 4-6 所示。最终效果及对比图如图 4-7、图 4-8 所示。

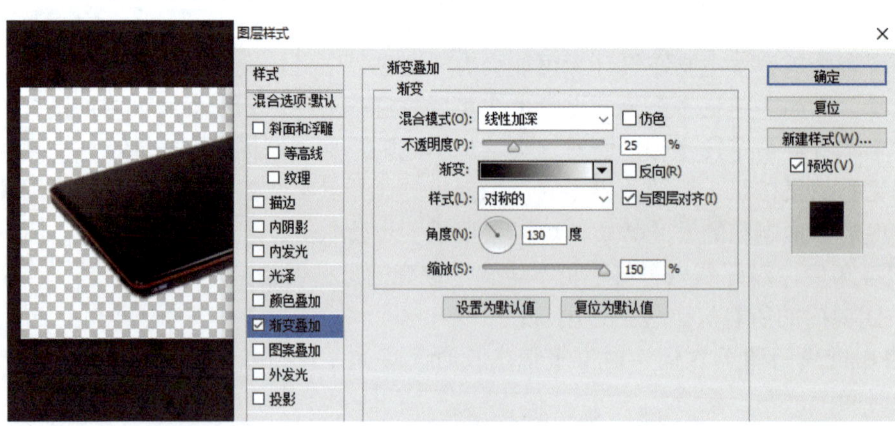

图 4-6 设置样式

图 4-7 最终效果

图 4-8 笔记本电脑类商品后期处理前后对比

微课 4-1 笔记本电脑后期处理实操案例

M4-1 笔记本电脑后期处理操作视频

四、笔记本电脑类商品淘宝海报、主图、详情页的设计

（一）笔记本电脑海报设计

海报设计是视觉传达的表现形式之一。合格的商品海报通常具备了背景、商品信息与文案三大元素。背景是为了衬托出商品的价值，是营造整个设计氛围的一个元素，它往往不显眼但却很重要，在海报运用时应注意不要喧宾夺主。而商品信息，是海报设计的核心，需要设计者合理规划展示方式。另外，商品海报设计的文案一般会包含主标题、副标题、附加内容三个部分，在呈现文案内容的时候可以将其分为三段，段间距要大于行间距，上下、左右也要有适当的留白。

如图 4-9 所示，这张笔记本电脑海报选择了一张黑色的背景，在图中拼接放射的方块状元素上放置商品能迅速捕获到买家的视觉焦点，而不规则碎块在增加了海报整体活泼感的同时也很好地彰显了笔记本电脑的科技感。

在配色方面，虽然配色技巧有很多，常见的有对比色、临近色、冷暖色调搭配等多种方式，但一个海报的着色要根据海报内容与主题来选择，不要有太多种颜色，要注意颜色的搭配，最好的办法就是从商品中提取颜色。

海报中的笔记本电脑屏幕呈现的色调以紫色为主，因此可以借助这个色调来解决海报的配色问题，使用紫色色块凸显海报的层次感，营造丰富的视觉体验。

图 4-9 笔记本电脑类海报

在海报设计中要处理好不同物体之间的对比关系，如文案字体的大小对比、粗细对比，商品的远近对比。因此在进行文案排版时应注意字体大小对比，颜色设置应判断是使用颜色呼应还是选择百搭色。本例中的海报由于背景明暗元素较多，选择白色作为文案主色更协调。

文案的内容也应该通过合理的设计更准确地传递给买家。由于人的浏览习惯是由左到右，将优惠信息放置在左边能起到诱导浏览的作用，而将海报的大标题“年末提前购”放置在视觉焦点，这种排版在确保买家浏览了视觉热点的同时也更直接地将信息传递给买家，增强了海报的吸引力。

作为笔记本电脑海报的设计者，不光要把商品的形态呈现给买家，还需要着重呈现商品的特色功能，因此可以将商品的某些性能具体化，通过视觉元素来表达。海报中就添加了网络游戏的“人设”作为海报的修饰元素。

出色的海报还应具备引导买家点击的要素，在视线的结束处即海报的右下角添加上“点击购买 >>”的字样，正好将“引导动作”恰当地融合到设计中，也为该海报设计画上完美的句号。

微课 4-2 笔记本电脑海报制作实操案例

M4-2 笔记本电脑海报制作操作视频

（二）笔记本电脑主图设计与制作

主图设计的成功在于合理利用有限的图片位置，将商品的卖点呈现得清晰、有序。想要做好一张能够吸引人的主图，产品图片的品质体现是首要保障。在进行笔记本电脑主图设计时应着重在主图中突出产品重点，主图的制作应能体现出与其他家产品的差异，如背景颜色差异化。然后就是色彩，真正能够靠产品本身吸引眼球的很少，色彩是关键，在淘宝上销量最好的商品，其主图页往往都是色彩抢眼的，当然并不排除那些本身质量就很好的产品。而主图的色彩最讲究的就是对比的凸显，如背景色和产品色的对比，有对比的图才会生动。如图 4-10 所示，不规则黑白色的拼接背景不但实现了主图的差异化，在色彩上也很贴合商品的本质，更好地突出了这款笔记本的商务感。

商品在主图中摆放的角度应尽可能地体现买家关注的重点，如功能、造型、材质等。如图 4-10 中的产品主图，为了体现笔记本电脑的轻薄，就使用了侧面视角。同时，主图的促销信息和亮点表现应避免喧宾夺主的感觉，文案内容不要超过主图的四分之一，把最吸睛的信息写上即可。文字排版也应尽量简单，字体统一，字数保持在 10 个字以内，做到简短清晰，让买家一眼就能看到产品的特点、营销信息等重点信息，这样设计出来的主图更容易获得消费者的青睐。

图 4-10 中的笔记本电脑主图在文案设计时充分考虑到了背景的不规则，文案排版抛弃了过于花哨的版式，选择了大小对比的平行排版版式，让主图的信息传达变得更简洁、有力。

图 4-10 笔记本电脑类主图

微课 4-3 笔记本电脑主图制作实操案例

M4-3 笔记本电脑主图制作操作视频

（三）笔记本电脑详情页设计与制作

详情页是商品自身最全面的呈现，通常由促销信息、关联、特点、功能、细节、实物展示、参数等方面组成。作为产品详情页，其最大的作用是吸引买家浏览，用“痛点”吸引买家留在详情页，并灵活运用产品的特点、功能、细节、实物展示、产品资质等打消买家心中的顾虑，最后加上引导咨询客服的促销工作，最终促成成交，提升转化率。在进行笔记本电脑详情页设计时，首先需要把握好笔记本电脑该如何呈现，然后是应如何组织好商品内容的呈现顺序，将商品的内容更准确、到位地传达给买家。

1. 店铺活动介绍

笔记本电脑类商品在设计详情页的焦点图部分时，应优先考虑将店铺活动或商品关联赠品等优惠信息放置在焦点图设计中，以商品卖点 + 优惠信息的文案表述结合商品图的方式引起买家的第一眼兴趣。这样做的原因是，作为笔记本电脑，其价格相较一般商品要偏高，而这种以优惠信息吸引买家注意力的呈现能更好地促进买家继续浏览或收藏店铺，如图 4-11 所示。

图 4-11　笔记本电脑详情页的焦点图

2. 商品信息展示

一般来说，详情页描述的前三屏决定了买家是否购买商品。在成功引导买家继续浏览之后，接下来的设计要点需要从坚定买家购买欲望的角度出发，设计出能够消除一切使买家分心或者暂缓购买等负面倾向的详情页内容。因此在进行商品信息展示时，应考虑到买家通过网购方式来购买笔记本电脑这类金额较大的商品时的忐忑心情，这时候在进行商品信息展示时，可以先放上相对应的质保说明、产品参数等内容，如图 4-12 所示。

3. 商品卖点设计

笔记本电脑类的商品的卖点，如轻薄、时尚等都是买家关注的要点之一，也是详情页设计中必须要体现的内容之一，如图 4-13 所示。

图 4-12　笔记本电脑信息展示

图 4-13　笔记本电脑卖点设计

4. 产品细节展示

产品细节展示是为了让买家对商品有更全面的了解，相比其他品类的产品细节实拍图，如服饰类的布料质感、零食类的原料口感诱导等，笔记本电脑类商品的产品细节展示应在实拍时，尽可能地展现出商品的各个角度，为买家提供模拟无死角查看商品的外观设计的体验，获得买家对商品更坚定的信任，从而促成转化，如图 4-14 所示。

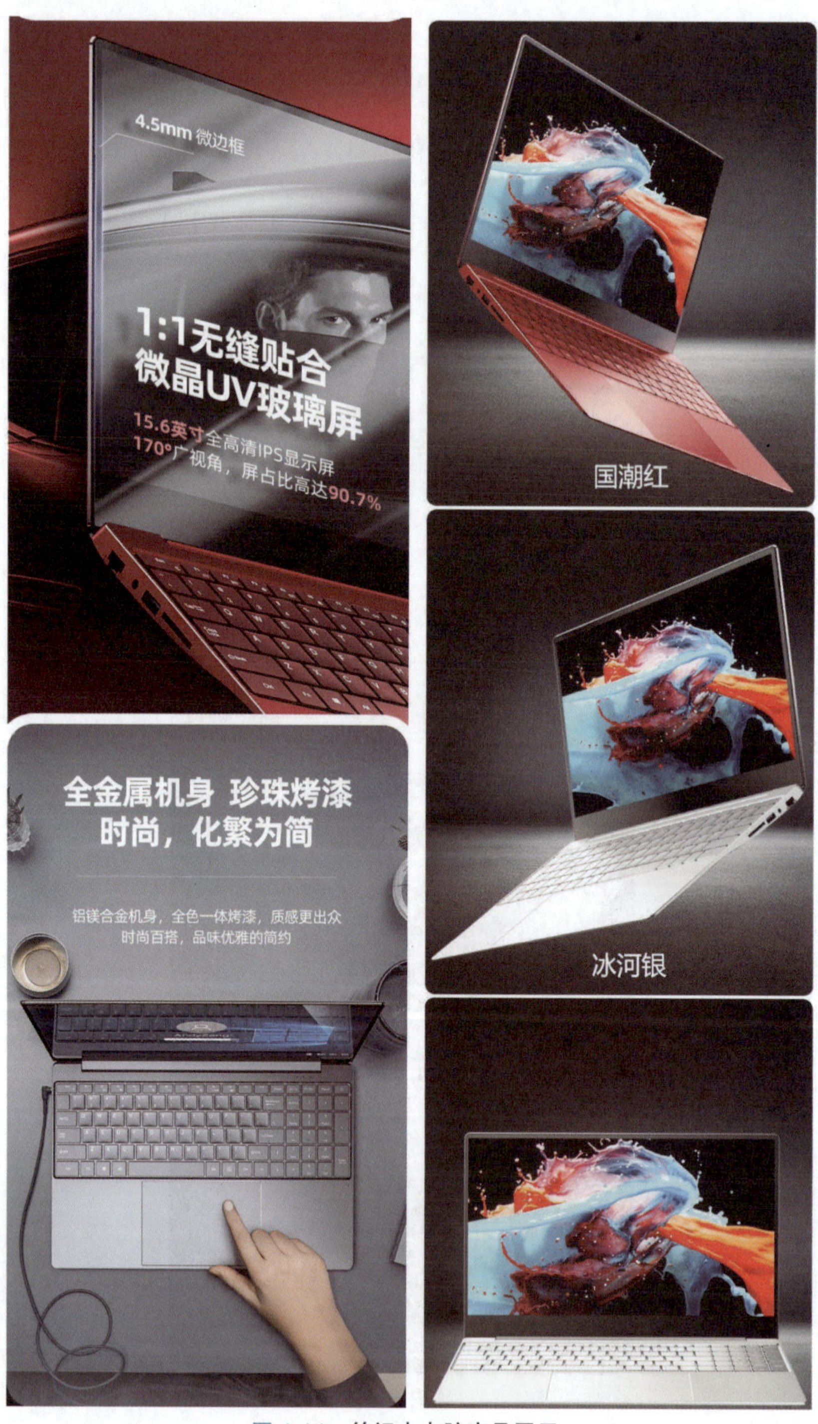

图 4-14 笔记本电脑产品展示

5. 详情页尾部

最后，在设计详情页的尾部时，针对其他品类的设计会着重在尾部体现商品存在的物流等问题，但作为笔记本电脑类商品，详情页中需要买家留意的参数等内容较多，买家随意性的浏览对这些内容的获取也有限，如果需要买家自己再重复浏览一遍详情页，很容易造成买家出现厌烦情绪。因此，在笔记本电脑类的商品详情页尾部设计中最恰当的做法，是以表格的形式综合呈现商品的配置详情，让买家回顾或加深对商品卖点的印象，最终引导买家完成购买，如图 4-15 所示。

配置详情

Configuration details

产品名称	炫龙 A41L
CPU	Intel 赛扬 2950M（主频：2.0GHz 双核心 / 双线程 三级缓存：2MB）
芯片组	英特尔 HM86 芯片组
内存	4G DDR3L-1600MHz
显卡	NVIDA GeForce GT940M 2G 独立显卡
网卡	10M / 100M / 1000M
硬盘	128G SSD 原厂高速固态硬盘
光驱	无光驱
无线网卡	802.11b/g/n 无线网卡
键盘	黑色孤岛式
电池类型	4 芯锂聚合物电池
屏幕尺寸	15.6 英寸 高清屏（1920*1080 高清分辨率）
外观尺寸	384×254×25.9mm
重量	2.4Kg(不带适配器)
预装操作系统	DOS
外部接口	1 个音频输入输出端口；1 个 VGA 输出端口；1 个 HDMI 端口；1 个 RJ-45 网络连接端口 2 个 USB3.0 端口；1 个 USB2.0 端口；1 个电源输入端口；1 个多合一读卡器

图 4-15　笔记本电脑详情页尾部

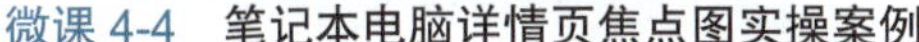
微课 4-4　笔记本电脑详情页焦点图实操案例

M4-4　笔记本电脑详情页焦点图操作视频

任务二 手机类

一、手机类商品灯光的选择

数码类商品的拍摄需要注意拍出商品的功能，突出商品的卖点，手机类的商品拍摄尤其如此，因此手机类商品的拍摄要尽量表现出商品各个部分的设计以及所使用的材质。市面上最常见的手机材质，分别为塑料材质与金属材质。不同的材质在进行拍摄时的侧重点也有所不同，常见的布光图如 4-16 所示。

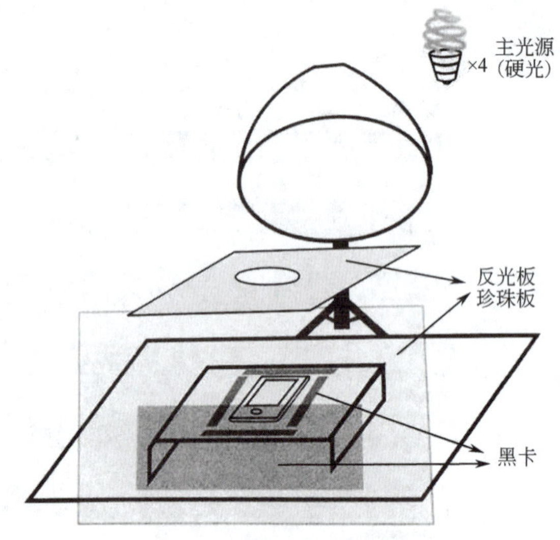

图 4-16 手机类布光示意图

（一）拍摄金属材质手机时的灯光选择

金属材质的手机在进行拍摄时，首先需要将手机用透明的的亚克力方块支撑起来。布光道具以主灯、副灯以及反光板为主，主灯灯光从上往下打照，副灯在左侧，反光板在右侧。为了更好地表现出手机的立体感与材质的质感，给人以高品质的感受，拍摄时可以使用黑卡纸。将黑卡纸放置在手机的底部再进行拍摄，可以得到黑边的摄影效果，提升视觉层次的同时也能充分地突出金属材质的高贵冷艳气质。除此之外，在对手机的细节部分进行拍摄时，除了灵活运用微距以及环柔等功能外，特别需要注意手机摄像头的拍摄。这部分属于高反光部分，容易破坏摄影质量，而避免高反光的最好办法就是使用黑卡纸遮住反光部位进行拍摄。

图 4-17 方形柔光灯罩

（二）拍摄塑料材质手机时的灯光选择

在对塑料材质的手机进行拍摄时，通常使用漫光灯或柔光灯来表现出塑料材质的柔和感。如图 4-17 所示，方形柔光灯罩是拍摄塑料材质商品的最佳建议灯具，使用方形柔光灯罩可以巧妙利用小光圈，更好地体现出商品的轮廓。同理，使用方形柔光灯罩在拍摄塑料材质的手机时能更好地得到塑料材质柔光和反光材质屏幕上的明暗交界对比。除此之外，背景的选取对布光的质量也起着关键的作用，通常选取与手机颜色相近且不明显反光的材质作为背景最好，这样能塑造一个相对简单的打光环境，可以在很大程度上提升拍摄的效果。

二、手机类商品的拍摄技巧

手机类商品的拍摄技巧与笔记本电脑基本一致。即：需要用到闪光灯与长时间曝光技巧的结合，以表现屏幕画面质感。具体步骤如下。

（1）将手机放在设定好的位置，并使其屏幕保持开启状态。将相机固定在三脚架上，调整好构图，对焦（为了避免相机或镜头的跑焦现象，可使用实时手动对焦，方法是将镜头调整至手动对焦模式，将相机设置为屏幕实时取景并放大到 10 倍取景，手动转动镜头对焦）。

（2）设置好闪光灯的强度，使用测光表对手机测光，设定好光圈。

（3）对手机屏幕测光，设置好快门速度（闪光灯下拍摄产品时，相机模式需要设定在 M 挡），因为光圈比较小，屏幕亮度比较弱，快门速度肯定是比较慢的，大概是几秒甚至是十几秒。

（4）关闭所有可见光源，使拍摄环境为全黑状态，按下快门，之后紧接着将闪光灯引闪，待快门关闭后，一张手机产品图就拍摄好了。

三、手机类商品的图片后期处理技巧

手机类商品图片的后期处理与笔记本电脑类商品图片的处理方式基本是一致的，都需要表现出商品的材质以及加强商品的光影对比。但相较于笔记本电脑类的商品，手机类商品在处理时要更着重表现手机商品的细节部位。

在 Photoshop 中打开一张拍摄好的手机商品图。首先对图片进行抠图处理，如图 4-18 所示。

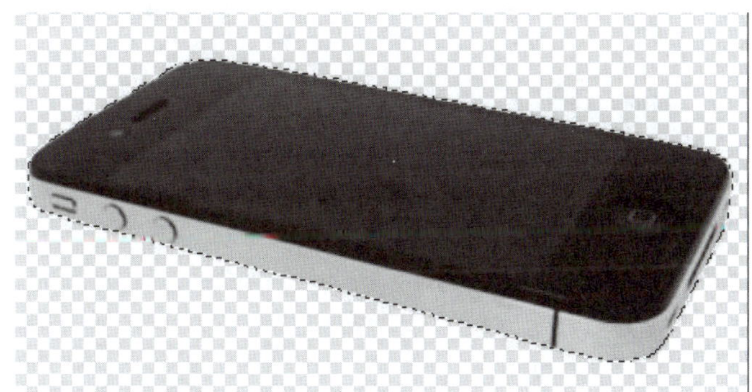

图 4-18 抠图处理

完成手机整体抠图后，进一步对手机金属边框部分进行抠图，如图 4-19 所示；复制抠取的图层，命名为“金属边框”，如图 4-20 所示。

给“金属边框”图层添加图层样式“渐变叠加”，渐变参数设置如图 4-21 所示，其中渐变颜色设置为白色，左边色标“不透明度”为 100%，右边色标“不透明度”为 0%，如图 4-22 所示。

图 4-19 抠取金属边框

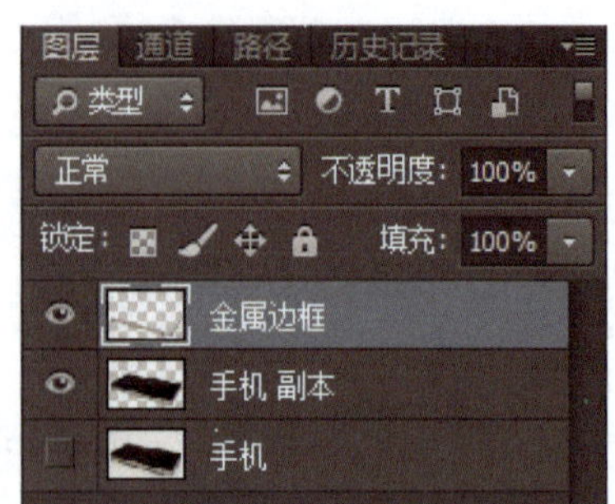

图 4-20 复制图层

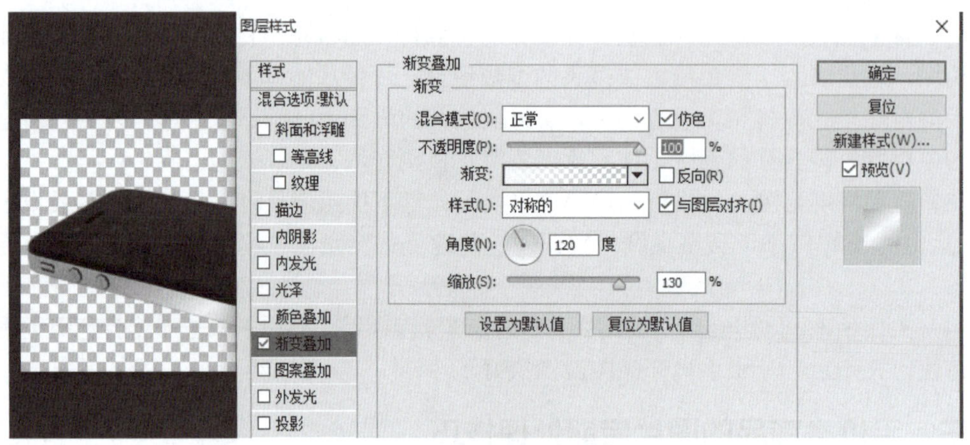

图 4-21 渐变叠加参数设置

图 4-22 渐变颜色设置

为了使手机的金属边框看起来更加真实，可以给金属边框图层添加少许杂色，点击“滤镜—杂色—添加杂色”，如图 4-23 所示。设置杂色的参数：数量 2%，平均分布，单色，如图 4-24 所示。

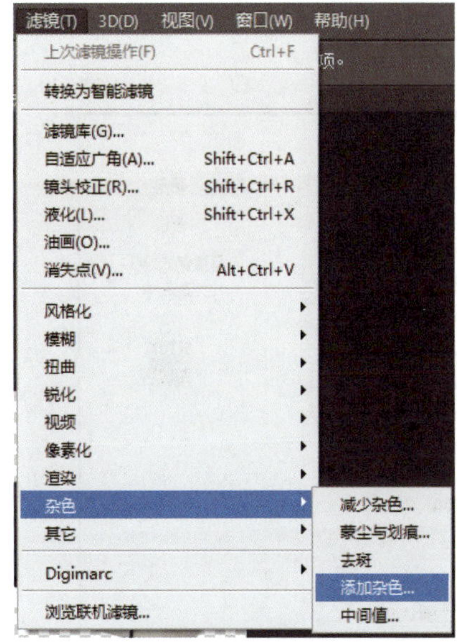

图 4-23 添加杂色

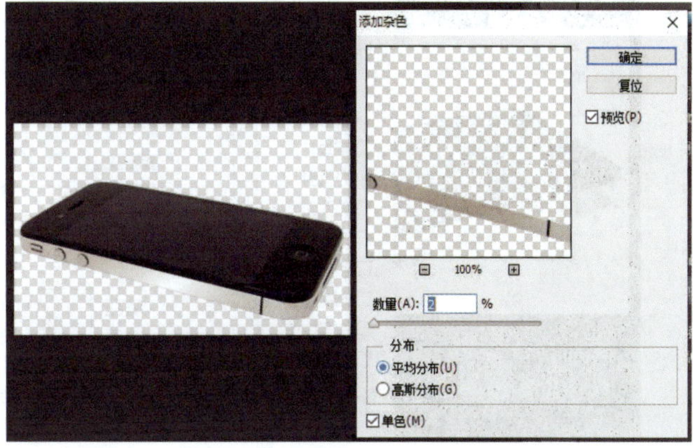

图 4-24 设置添加杂色参数

为手机屏幕创建选区并复制图层。按住“Ctrl”键，单击“手机 副本”图层缩略图，将手机载入选区，按住“Ctrl+Alt”组合键，单击“金属边框”缩略图，得到手机屏幕的选区，如图 4-25 所示，复制图层，命名为“手机屏幕”，如图 4-26 所示。

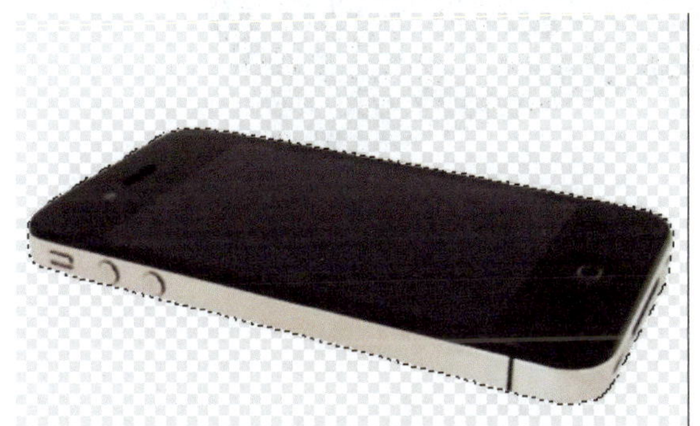

图 4-25 为手机屏幕创建选区

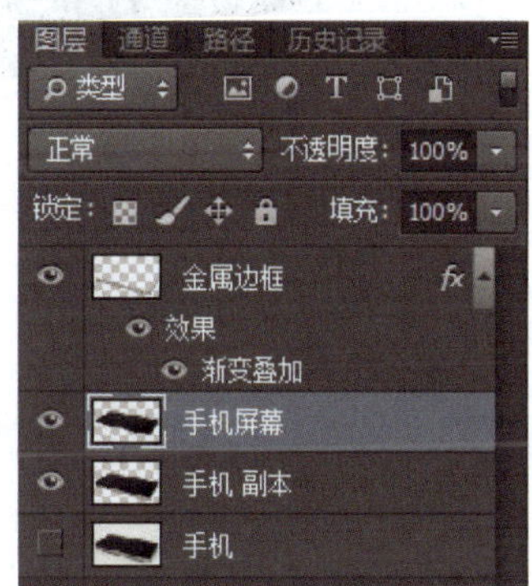

图 4-26 复制图层

为手机屏幕图层添加图层样式“渐变叠加”，渐变参数设置如图 4-27 所示。

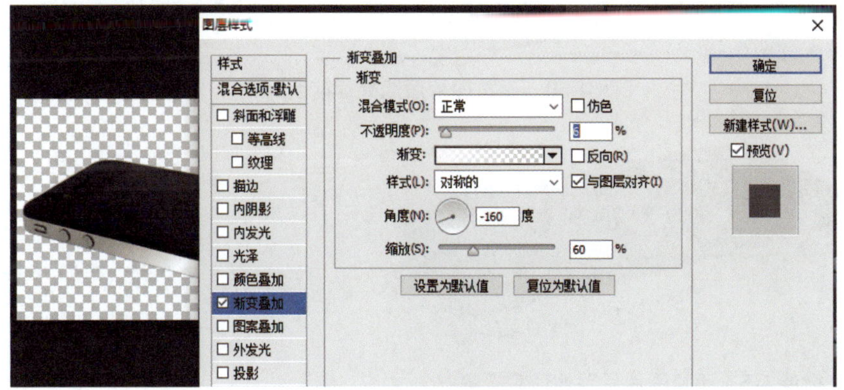

图 4-27 渐变叠加参数设置

最后，为手机添加图层样式“投影”，投影参数设置如图 4-28 所示。最终处理完成后的效果如图 4-29 所示。

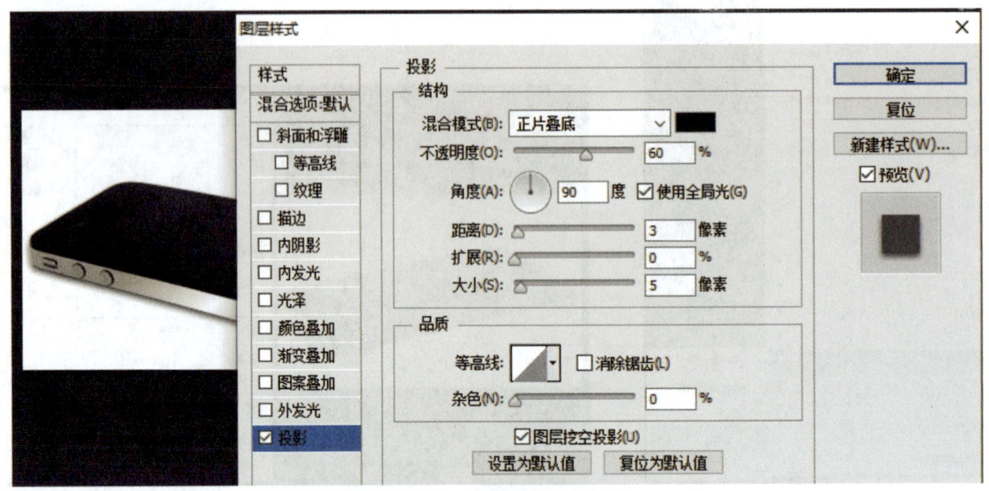

图 4-28　投影参数设置

图 4-29　最终效果图

最终效果图对比，如图 4-30 所示。

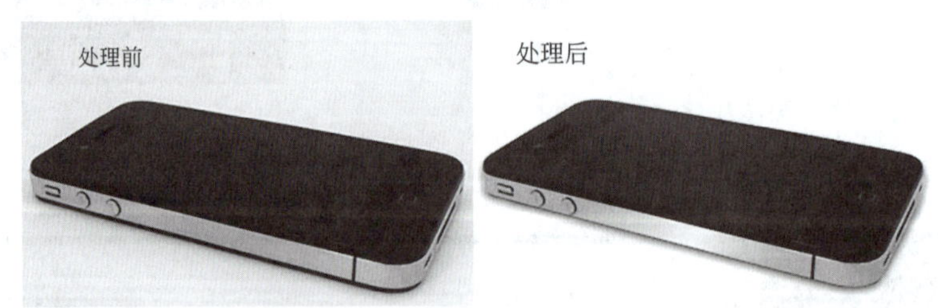

图 4-30　手机图片后期处理前后对比

微课 4-5　手机图片后期处理实操案例

M4-5　手机图片后期处理操作视频

四、手机类商品淘宝海报、主图、详情页的设计

（一）手机海报设计

海报在为店铺产品做宣传的同时会渲染出欢快的购物氛围，捕捉买家的点击欲望以促成更好的销售转化率。在进行海报设计时，包括手机类商品在内，首先需要把文案梳理清晰，了解这张图片要表达的中心主题是什么、文案主次关系是什么等。根据梳理好的主题与文案，再规划出海报的设计方向。

手机类商品的海报通常需要传达给买家的都是促销活动信息，或者是新机到货信息等内容。当买家面对海报时其真正的视觉焦点在文字，所以设计者在进行海报设计时不但要突出商品本身，更要考虑到如何突出文字信息。而通过衬托线或者衬托面等形式来布局排版是不错的做法。

如图 4-31 所示，为了将手机商品的形态通过图片全面地展示给买家，可以选择手机多角度呈现的构图方式，将手机集中形成一个面。在配色方面，背景色的选取能很好地避免手机类商品不好配色的尴尬，选择与手机的色系相近的色系也能更好地营造出背景氛围，同时能加强手机在视觉上的质感。

除了图片元素之外，海报上的文案设计同样也不可忽视。虽然商品图片比文字更容易吸引买家的注意力，但文字如何组合是根据画面而定的，好的文字组合会给整幅海报增色不少。当文字部分在画面中被弱化的时候，最好的办法就是通过在背景放置几何图形，调节字体的颜色与几何图形的对比，使文字部分突出。手机类海报通过这种设计方式，可以在不弱化图片的情况下，让文字部分与几何框组合后增加信息的可读性，最终实现海报的宣传效果。

图 4-31 手机类海报

微课 4-6 手机海报制作实操案例

M4-6 手机海报制作操作视频

（二）手机主图设计

在进行主图设计时，应该多站在消费者角度换位思考。合格的主图应具备图片清晰、尺

寸合理、适合屏幕显示等要点。在设计主图时，要灵活将店铺亮点展示在主图上。在价格差不多的情况下，同样的手机商品，在主图上表现了卖点的商品一般销售也会比其他的多一些。

手机的主图相较于笔记本的主图更重要的是，手机的形态特点能够被更直观地传递给买家，因此在设计手机主图时，可利用手机的每个面来制作出一张具有吸引力的手机商品主图。为了更进一步加强主图的吸引力，主图在表现商品时可呈现卖点描述与优惠活动信息，如图 4-32 所示。

图 4-32　手机类主图

微课 4-7　手机主图制作实操案例

M4-7　手机主图制作操作视频

(三) 手机详情页设计

详情页的设计不是一成不变的，好的详情页应善于发掘不同类目与品牌的不同特征，以品牌的特征作为定位，了解买家的购物心理，根据买家的购物心理去调整或重构详情页的布局。手机类商品的详情页设计整体与笔记本类商品的设计差别不大，但还是需要进行一定的调整。

1. 详情页焦点图

手机类商品在设计详情页的焦点图部分时，可用产品卖点 + 商品展示的方式，突出手机的核心卖点，如图 4-33 所示。

图 4-33 手机详情页焦点图

2. 商品展示

商品展示主要用于呈现商品的卖点、特征等内容，手机类商品详情页在这部分内容的设计中可通过列点阐述的方式去表达，根据产品卖点结合素材图进行图文结合设计，但在设计的同时也应该注意文字使用规范以及大小标题的统一，特别是用来突出重要卖点的字体使用必须规范，这样才能使详情页的整体风格保持统一与连贯，如图 4-34、图 4-35 所示。

3. 商品基本信息

在设计手机类商品的基本信息和参数时，需要站在买家的角度，以非专业的眼光和视角来判定买家是否能看明白我们的表述。由于涉及的内容比较多，不恰当的排版很容易造成不好的视觉体验，从而降低买家对商品的认可度。因此，在对商品基本信息进行设计时可以采用表格排列的方式，让消费者对产品信息一目了然，以增加购物体验，如图 4-36 所示。

轻薄大视野，一手掌握

机身轻薄顺手，让单手握持与操作更加舒适便捷。

7.96mm 厚度　　约 180g 重量

图 4-34 商品特点展示 1

4800 万超清四摄，生活由你定义

自然风光、复古人像、黑白风格……随性选择，出手即大片。[7]

图 4-35 商品特点展示 2

Reno3 系列参数一览表

产品名称	Reno3 Pro	Reno3	Reno3 元气版
配色	彩通版经典蓝 / 雾月白 / 月夜黑 蓝色星夜 / 日出印象	月光白 / 蓝色星夜 月夜黑 / 日出印象	天镜白 / 月夜黑 / 流光金
CPU	高通骁龙 765G	MediaTek 天玑 1000L	高通骁龙 765
屏幕	6.5 英寸，90Hz 高感曲面屏	6.4 英寸，AMOLED 水滴屏	6.4 英寸，AMOLED 水滴屏
厚度质量	约 7.7mm，约171 g	约 7.96mm，约 181g	约 7.96mm，约 180g
前置摄像头	3200 万像素美颜自拍		
后置摄像头	4800 万主摄 1300 万长焦 800 万超广角 200 万黑白风格	6400 万主摄 800 万超广角 200 万黑白风格 200 万复古风格	4800 万主摄 800 万超广角微距 200 万黑白风格 200 万复古风格
视频防抖功能	视频超级双防抖		
存储	8GB+128GB/12GB+256GB	8GB+128GB/12GB+128GB	8GB+128GB
电池	4025mAh（典型值）		
闪充	VOOC 4.0		
解锁	光感屏幕指纹+面部解锁		
系统	ColorOS 7		
NFC	多功能 NFC		

图 4-36 商品基本信息

4. 品质保障

手机类商品作为买家日常最贴身的用品之一，买家对其的要求必然也相对较高，存在的顾虑也会相对较多。因此在进行手机类商品的详情页设计时，可以加入品质保障的模块，以打消顾客的顾虑，在提升买家体验的同时增加买家的下单决心，如图 4-37 所示。

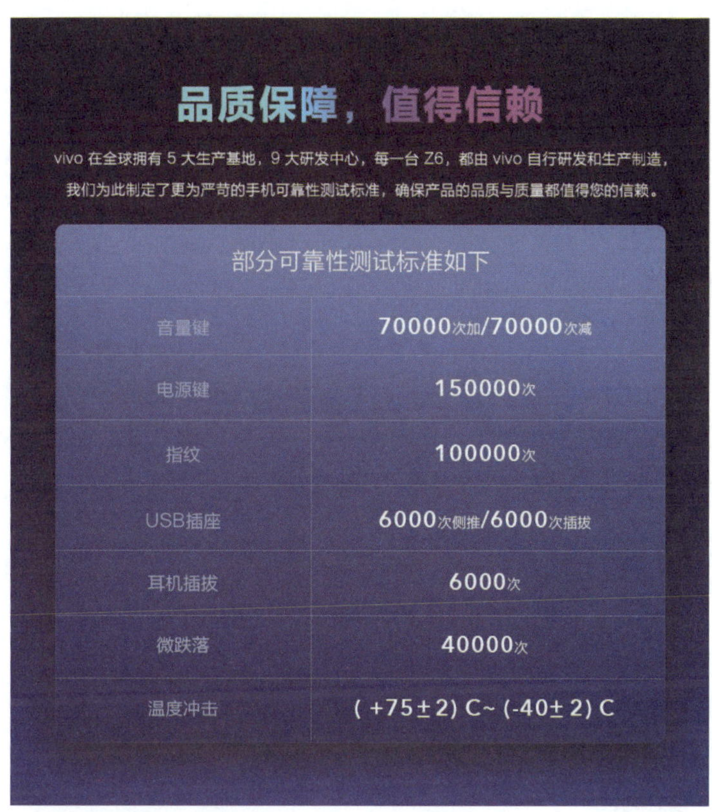

图 4-37　品质保障

微课 4-8　手机详情页焦点图制作实操案例

M4-8　手机详情页焦点图制作操作视频

【相关知识】

一、构图设计元素认知

一个设计可以由以下几个元素组成。

（一）商品

商品是指要以它为主题来设计构图，是整个设计的主心骨。排除不同的需求把控，一般情况下都需要将它定位在设计的首要位置。

（二）背景

背景就是为了衬托出商品的价值，为整个设计营造氛围的一个元素。它是整个设计中好像最不显眼却最重要的一个元素。好的背景应起到承载商品主体但绝不喧宾夺主的作用。

（三）颜色

在构图设计中，颜色可以说是重中之重，最能体现该设计的真正水平。因为颜色带有感情，能影响人的情绪，所以如何用色、如何布局颜色也是一个重要的学习内容。

（四）排版

好的排版能让人的视觉得到舒缓，不易疲劳，且看起来令人心情舒畅。所以，好的排版也是构成一个好设计的重要元素之一。

（五）感情

颜色可以影响人的情感，因此买家的情感是通过设计色彩被激发出来的。这就需要我们在设计时把控情感颜色的运用。

二、色彩构图技巧

在进行图片色彩构图时，首先要确定图片的主色调，并以此构成画面的整体色彩倾向。不要轻视色彩的存在，色彩对于店铺及其商品有着象征作用，在制作图片时尽量使用统一的标准色彩，这样对店铺识别的强化和扩散有显著的作用。也可以通过使用对比，拉开色彩的色相、纯度或明度的差别，才能让主体突出，从而强化视觉效果，产生美感。

【同步实训】

一、实训概述

本项目实训为数码类商品图片的拍摄及制作，学生通过本项目的学习，能够掌握数码类商品拍摄与后期处理的具体方法与技巧，并能完成商品的海报、详情页与主图的设计与制作。

二、实训素材

1．装有 Photoshop 软件的电脑。

2．笔记本电脑与手机类商品、相机等。

三、实训内容

实训任务一 笔记本电脑类

步骤 1：学生对笔记本电脑类商品进行拍摄，在拍摄时注意突出笔记本电脑的特点。
步骤 2：学生利用 Photoshop 对拍摄成果进行后期美化处理。
步骤 3：学生根据商品特点完成主图、海报以及详情页的设计与制作。

实训任务二 手机类

步骤 1：学生对手机类商品进行拍摄，在拍摄时注意突出手机类商品每个部分的设计与材质。
步骤 2：学生利用 Photoshop 对拍摄成果进行后期美化处理。
步骤 3：学生根据商品特点完成主图、海报以及详情页的设计与制作。

四、考核评价

<table>
<tr><th>项目名称</th><th colspan="5">数码类商品</th></tr>
<tr><td>任务完成方式</td><td colspan="5">小组协作完成
个人独立完成</td></tr>
<tr><td>评价项</td><td colspan="4">评价点</td><td>总分值</td></tr>
<tr><td>笔记本电脑类商品信息采编</td><td colspan="4">1. 拍摄笔记本电脑时灯光的使用是否恰当（10 分）
2. 拍摄前准备是否充分（5 分）
3. 拍摄的成果是否能突出笔记本电脑的卖点（10 分）
4. 能否对拍摄成果进行恰当的后期美化处理（10 分）
5. 能否设计并制作出符合笔记本电脑类商品要求的主图、海报以及详情页（15 分）</td><td>50 分</td></tr>
<tr><td>手机类商品信息采编</td><td colspan="4">1. 是否能根据不同的手机材质完成不同的布光（10 分）
2. 拍摄手机类商品时是否能根据不同的材质采取恰当的拍摄方式（15 分）
3. 能否对拍摄成果进行恰当的后期美化处理（10 分）
4. 能否设计并制作出符合手机类商品要求的主图、海报以及详情页（15 分）</td><td>50 分</td></tr>
<tr><td colspan="6">本主题学习单元成绩：</td></tr>
<tr><td>自我评价</td><td>（20%）</td><td>小组评价</td><td>（20%）</td><td>教师评价</td><td>（60%）</td></tr>
<tr><td colspan="6">存在的主要问题</td></tr>
</table>

【巩固与提高】

一、单选题

1. 海报文案中主要信息有主标题、副标题与（　　）三个部分。
   A．自拟标题　B．大标题　C．小标题　D．附加内容
2. 在 Photoshop 中需要对某色块进行颜色填充，应选择（　　）工具。
   A．油漆桶　B．锐化　C．钢笔　D．魔法棒

3. 属于最直观的抠图工具是（　　）。

A．磁性索套法　　B．魔法棒　　C．羽化法　　D．钢笔

4. 笔记本电脑类商品拍摄时，需要以下哪个工具的协助才能拍出清晰的屏幕页面（　　）。

A．造型灯　　B．引闪闪光灯　　C．主灯　　D．副灯

5. 在详情页设计中，哪几屏的内容直接决定了买家是否购买商品（　　）。

A．最后一屏　　B．前一屏　　C．中间三屏　　D．前三屏

二、简答题

1. 笔记本电脑类商品的拍摄技巧有哪些？
2. 手机类商品的拍摄技巧有哪些？

三、讨论题

1. 不同材质的手机类商品在拍摄时的布光是否一致？
2. 笔记本电脑类商品如何拍出自身屏幕的画面？

四、实操题

教师提供一组需要进行美化的数码类商品的素材，学生根据教师的素材进行图片的后期修正，完成后以小组形式进行互评。

项目五

食品类商品

网店图片是商品的灵魂，这一点对食品类商品尤为重要。网购食品囊括饮料、烘焙糕点、零食坚果、水果生鲜等来自全球各地的美味。在电商平台这样一个多元美食聚集地，一张有水准的食品照片，会成为网店吸引买家的重要手段。无论食品如何拍摄和修图，其目的都是吸引买家注意，激发买家食欲，促使买家购买。

食品类商品对照片标准和审美有着较高要求。一张“香气四溢”的美食照片，需要利用恰当的用光、合理的构图、有机的组织将食品的色香味表现出来，这也是拍摄食品类商品的关键。本项目将通过饮料类和零食坚果类商品信息采编实操案例，讲解食品类商品拍摄技巧和后期修图流程及注意事项。

【学习目标】

1. 知识目标

（1）熟悉食品类商品拍摄的方法及技巧；

（2）了解食品类商品后期美化修图所用到的工具，掌握其使用方法；

（3）熟悉食品类商品海报、主图及详情页的相关技巧知识。

2. 能力目标

（1）能够使用拍摄工具完成不同角度的拍摄任务；

（2）熟练掌握商品图片的后期处理技巧；

（3）能够完成出淘宝海报、主图、详情页的制作。

【任务分解】

任务一　饮料类

饮料类商品拍摄难度高于常规静物拍摄，原因在于饮料成分及包装材质的多样性，比如碳酸类饮料、果汁、酒类饮料，易拉罐装饮料、玻璃瓶装饮料等。这些饮料类商品在拍摄和后期修图时，技巧和要求都是不一样的，其中易拉罐属于不规则圆柱形金属材质的反光体，拍摄难度较大，后期修图要求高。这里以易拉罐装饮料为例讲解。

一、饮料类商品灯光的选择

拍摄易拉罐装饮料时，光源选择受限于易拉罐的金属材质及圆柱形形状。表面光滑的金属罐身对光线的强烈反射现象，反映出其反光体的特质，而圆柱形罐身更相当于一个凸面镜，容易大面积将周围的环境“映射”到金属罐身上，使产品显得杂乱，影响拍摄效果，所以易拉罐装饮料的拍摄，对光线入射方向、角度和光照强弱等有一定要求。因此，选择室内人工光源，更能满足易拉罐装饮料拍摄时的布光要求。

摄影离不开光，在拍摄易反光的易拉罐时，不宜用直射光、硬光，直射光聚射到罐身上，会产生强烈的光线改变，在罐身上形成明显的光斑点。硬光虽然有利于表现被摄体的结构和质感，但反光问题较难克服，所以拍摄易拉罐装饮料时，一般选择散射光和柔光进行照明，使主体色调层次丰富、柔和，柔光下易拉罐产生的微妙的反光效果非常美观。

二、饮料类商品的拍摄技巧

（一）拍摄前的准备

拍摄前，选择一个“完美”的易拉罐是拍摄的第一步。选择被摄体时，尽量避免罐身上有磕碰、刮痕等瑕疵或不完美的地方，这些都会增加后期修图处理的难度和时间；拍摄时如何固定易拉罐也是需要在拍摄前解决的问题，可以将易拉罐直接放置在置物台上，在罐子底部垫一层硫酸纸，防止置物台本身对光线产生影响。

拍摄饮料类商品，尤其是碳酸饮品或酒精饮品，摄影师往往会在被摄体上喷上水珠制造出饮品冰冻特效，表现饮品的清凉感，如图 5-1 所示。拍摄易拉罐时，水珠很容易从光滑的易拉罐表面滑落，不利于拍摄。如何解决水珠滑落的问题？可以用水和甘油 1 ∶ 1 或者 1 ∶ 2 混合后，用喷雾瓶均匀喷在罐身上，制造出效果逼真的假水珠，甘油无色且浓度高，形成的水滴晶莹剔透，且有张力、不易滑落，有助于拍摄的顺利进行。

图 5-1 假水珠特效

（二）实施拍摄

拍摄易拉罐，清晰度和色调层次是照片质量的两个重要标准，照片越清晰越能反映主体的质感，拍摄时应设法将易拉罐本身的光泽表现出来。易拉罐是不规则的圆柱形形状，顶部转折的弧线加大了拍摄的难度，罐身的色调应有足够的层次或反差，以塑造罐身的立体感。

易拉罐的拍摄难度体现在布光时的复杂，一般采用“包围法布光”，包围法布光可以解决弧面形罐身反光的问题。用柔光纸或者柔光屏将易拉罐周围全部围起来，光从左前侧、左后侧、右前侧、右后侧、顶部五个光位透过柔光屏或者柔光纸均匀地照到罐身上，呈现罐身光滑的质感。可在易拉罐两边放置黑卡纸，勾勒罐身边缘黑色光带，表现罐身利落的边缘。将相机用黑布蒙上，只露出镜头，防止相机反射进光滑的罐体上，最后在易拉罐正前方使用长焦镜头拍摄，防止易拉罐变形，如图 5-2 所示。

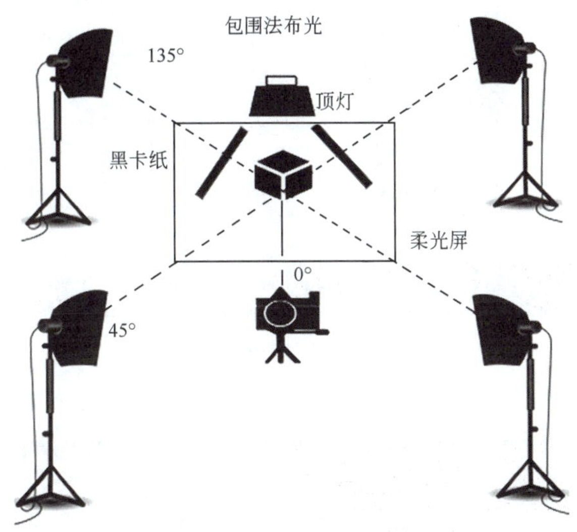

图 5-2 包围法布光图

三、饮料类商品的图片后期处理技巧

（一）对曝光不足图片的后期处理

在拍摄时，针对罐身弧形的轮廓，若拍摄不慎会造成曝光过度和曝光不足的情况。如图 5-3 所示，罐身由于曝光不足，造成暗部过暗，罐身无光泽，质感不明显。对于这种情况，可以通过曲线、亮度 / 对比度、曝光度等命令进行调节。

在 Photoshop 中打开可口可乐图片，复制图层，如图 5-4 所示。

图 5-3 曝光不足图片效果

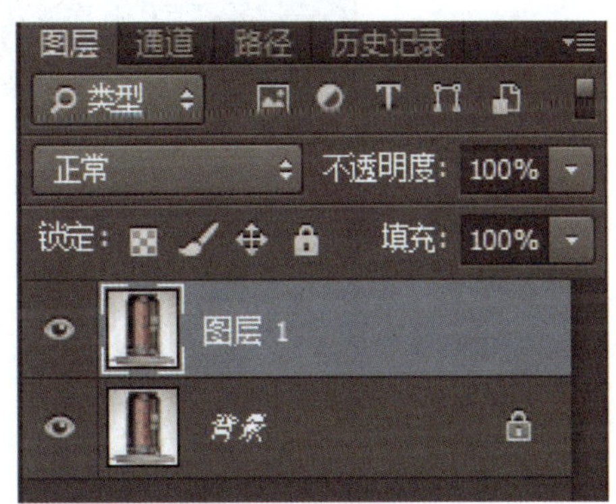

图 5-4 复制图层

为图层 1 添加“曲线”调整图层，设置预设为“中对比度”，如图 5-5 所示。

图 5-5　添加曲线调整图层并进行设置

再为图层 1 添加“亮度 / 对比度”调整图层，设置“亮度”为 30，如图 5-6 所示。

图 5-6　添加亮度 / 对比度调整图层并进行设置

最后为图层 1 添加“曝光度”调整图层，设置“曝光度”为 +0.3，位移为 –0.03，如图 5-7 所示。

图 5-7　添加曝光度调整图层并进行设置

图片处理完成，处理前后的图片对比如图 5-8 所示。

图 5-8　图片处理前后对比

微课 5-1　曝光不足图片后期处理实操案例

M5-1　曝光不足图片后期处理操作视频

（二）抠取图像

前期拍摄中，为了防止置物台反光，在置物台上放上了硫酸纸，影响了拍摄画面的美观，后期修图时，需要利用 Photoshop 中抠图工具将产品图抠取出来以单独显示。在网店日常运营中，为了满足后期图片设计和展示需要，很多时候也需要将产品图从背景中抠取出来，单独显示或者处理。Photoshop 中提供了多种抠取图像的工具，其中“钢笔工具”可以得到精确抠图的效果，适合各种情况的抠图需要。这里选择“钢笔工具”将易拉罐从背景中抠取出来，去掉画面多余部分。

在 Photoshop 中将图片打开，选中“钢笔工具”，在顶部“钢笔工具”属性栏，选择“路径”模式，然后在易拉罐图像边缘建立锚点，并沿着易拉罐轮廓边缘绘制路径。绘制路径时，使路径与产品图像的边缘完全重合，最后在易拉罐周围形成“闭合路径”，如图 5-9 所示。

完成后，单击鼠标右键，选择“建立选区”，如图 5-10 所示。弹出“建立选区”对话框，其中羽化半径指路径两边像素虚化或模糊的范围，用来设置抠图边缘效果，羽化参数越大边缘越模糊，反之则边缘锐利。易拉罐边缘的线条硬朗分明，此时“羽化半径”设置为 1，使易拉罐边缘效果锐利，点击“确定”，如图 5-11 所示。

图 5-9 闭合路径

图 5-10 建立选区

建立选区后，绘制出的路径会形成一条蚂蚁线，按“Ctrl+J”键，复制图层，如图 5-12 所示。

最后删除背景图层，抠图完成，如图 5-13 所示。

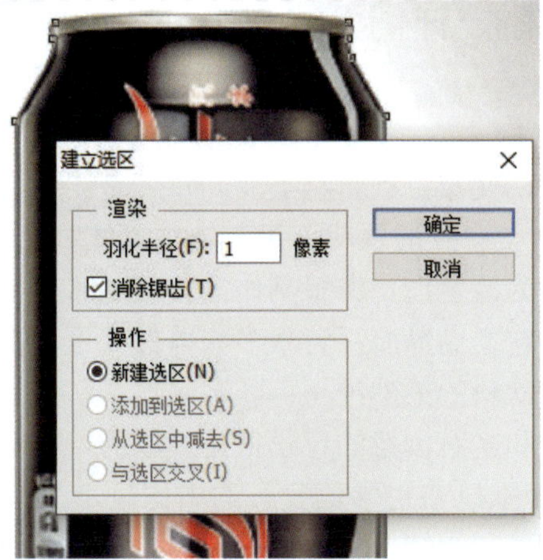

图 5-11　设置羽化半径

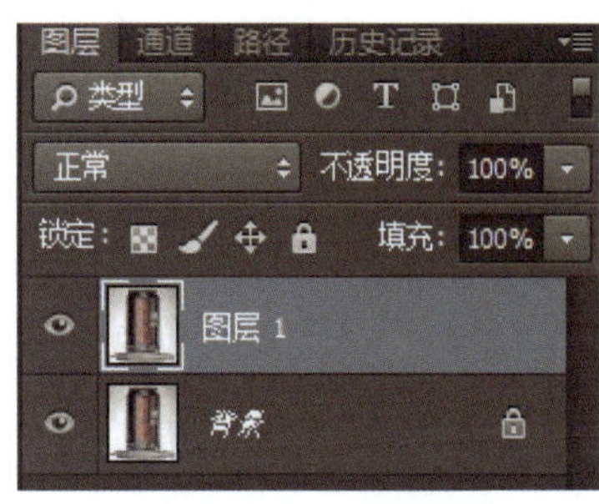

图 5-12　复制图层

图 5-13　完成抠图

微课 5-2　可乐抠图实操案例

M5-2　可乐抠图操作视频

四、饮料类商品淘宝海报、主图、详情页的制作

（一）饮料类商品淘宝海报的制作

淘宝海报基本要素包括背景、产品图、文案，饮料种类及其特质是饮料类商品海报制作的重要影响因素。淘宝网购常见的饮料分类有碳酸饮料、果汁饮料、乳制品饮料、茶饮料、运动型饮料。碳酸饮料类商品海报背景多为冷色调，海报制作需要营造冰爽刺激的氛围，常用的元素有冰块、气泡、绿叶等；果汁饮料类商品海报背景多为自然风景，常用的元素有各种鲜果、绿叶和树木等，以此体现果汁类饮料的天然纯正；乳制品饮料和茶类饮料海报背景较为多样化，冷色调、暖色调、纯色背景和富有创意的背景都是可以的，文案多体现营养健康或者体现商品的核心优势；茶饮料的海报风格也常偏复古的中国风，给人清新雅致的感觉；运动型饮料类商品海报背景多表现力量和激情，文案描述多为激励的正能量文字。具体如图 5-14 ～图 5-18 所示。

制作饮料类商品海报时，应根据所做的商品种类和特质选择适合的海报背景和文案描述，搜集相应设计素材。搜集素材也是美工必备的技能之一。

图 5-14　碳酸饮料类商品海报

图 5-15　果汁饮料类商品海报

图 5-16　乳制品饮料类商品海报

图 5-17　茶类商品海报

图 5-18　运动饮料类商品海报

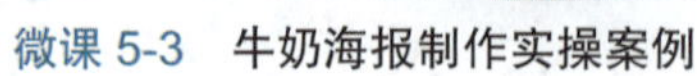

微课 5-3 牛奶海报制作实操案例

M5-3 牛奶海报制作操作视频

（二）饮料类商品主图制作

主图是用户对网店的第一印象，主图的好坏极大影响点击率的多少，制作一张有吸引力的主图，是博取用户好感的第一步。一般，饮料类商品主图背景和文案与其海报是一致的或者相似的，不同之处在于排版。

淘宝主图是大小为 800 像素 ×800 像素的正方形。饮料类商品常规的主图排版有以下三类。第一类排版为“产品图＋品牌标志或店铺标志”，如图 5-19 所示。此排版非常简洁，焦点突出，买家视觉焦点只有商品；缺点是不适合品牌影响力小的商品，买家不清楚商品信息，致使点击欲望不大。第二类为“产品图＋卖点信息”。卖点信息可以是促销信息或产品核心优势，也可以是促销信息和产品核心优势的组合，如图 5-20 所示。这类排版需要注意，背景不要太花哨，否则易造成图片视觉混乱，图片内容没有主次，焦点不清晰。如果买家不能快速领会到图片传达的信息，更不会去点击图片。第三类为“产品图＋包装规格”。这类排版与第一类排版相似，简洁大气，添加包装规格，图片内容较丰富，如图 5-21 所示。制作主图时，卖家可根据需要制作符合自己店铺的商品主图，根据网店风格和定位，统一所有商品主图样式，这样网店商品展示整齐美观，使买家有舒适的视觉体验。

图 5-19 产品图＋品牌标志或店铺标志

图 5-20 产品图＋卖点信息

图 5-21 产品图 + 包装规格

微课 5-4 红酒主图制作实操案例

M5-4 红酒主图制作操作视频

（三）饮料类商品详情页制作

饮料类商品详情页制作的前提是熟悉饮料类产品特质，这样才能挖掘买家“痛点”，明确详情页所要体现的内容。网购饮料类商品时，买家除了关注饮料的口感和成分之外，最关注的应该是饮料类商品的生产日期、保质期及卖家如何解决长途运输遇到漏液、爆罐和包装变形等问题。制作饮料类商品详情页时，除了产品口感和营养成分，饮料类商品详情页重点还需要体现产品的生产日期、保质期、运输包装及售后保障。解决买家疑问，消除买家购买疑虑，这也是制作详情页的最终目的。

1. 商品信息

由于饮料是直接食用的，与人体健康密切相关，买家购买饮料时，了解商品信息是必不可少的。饮料类商品详情页中，商品信息模块内容应该包括商品名称、规格、源产地、生产日期、保质期和存储方法，附加内容有商品特色、饮用建议，如图 5-22、图 5-23 所示。

图 5-22 **商品信息**

图 5-23 **源产地**

2. 营养成分

如今，不仅食品安全备受重视，人们对健康养生方面的关注度也越来越高，这些都造成了买家购买过程中的疑虑，尤其是网购食品类商品，买家的疑虑更多。同理，饮料类商品详情页中营养成分能够得到充分展示，就可以让买家对商品成分一目了然，有效消除买家对于商品的疑虑。对于卖家而言，让买家清楚了解商品营养成分，也能够降低店铺售后投诉率，如图 5-24 所示。

营养成分列表
LIST OF NUTRIENTS

项目	每100克	营养参考价值%
能量	225KJ	3%
蛋白蛋	0.7g	1%
脂肪	0.7g	1%
碳水化和物	11.0g	4%
钠	20mg	1%

图 5-24 **商品营养成分表**

3. 辅助文案

辅助文案内容没有限制，目的是加深买家对商品的印象，引发购买欲，进一步促进成交，辅助文案还可以提升详情页档次，如图 5-25、图 5-26 所示。

图 5-25 **商品介绍**

图 5-26 **温馨提示**

4. 售后保障，购物无忧

售后问题一直是网购最常出现的情况。由于饮料类商品的特殊性，售后问题也是影响买家最终是否购买的因素之一。详情页的售后保障模块中，生产安全承诺、客服售后服务、发货承诺、物流包装展示等内容，能够巩固买家好感，提高买家购买体验，消除买家最后的购买疑虑，有效促进转化，如图 5-27 所示。

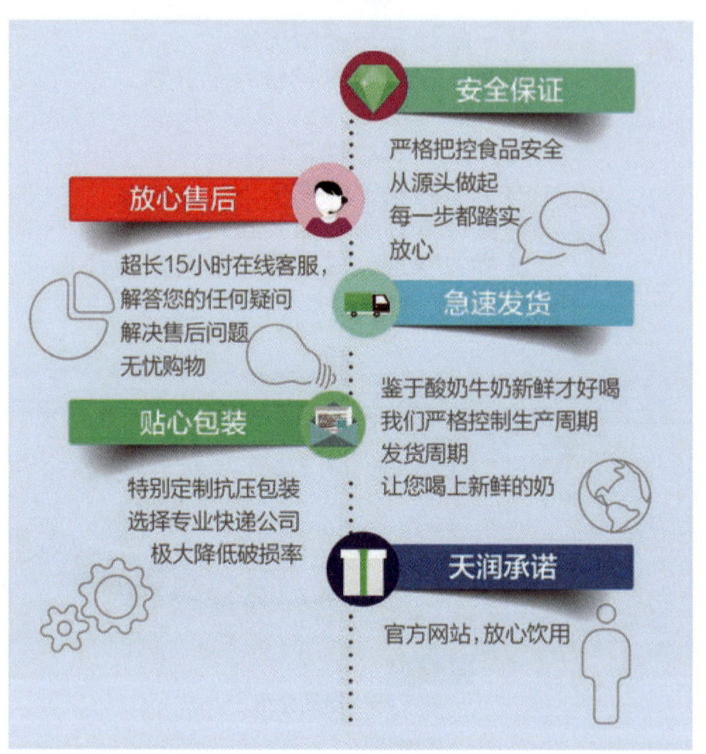

图 5-27 **售后保障**

任务二　零食坚果类

网店零食坚果类商品摄影的核心有两点：一是表现食物的质感，如松软的、香脆的、绵延的、油腻的等；二是突出食物的新鲜，如美观可口、干净卫生、让人馋涎欲滴，食物质感的呈现主要是光线布置的结果，食物的新鲜和摆放、道具、构图、拍摄角度有关。

一、零食坚果类商品拍摄灯光选择

（一）光源的选择

摄影是光线的艺术，食物拍摄也不例外。通常，零食坚果类商品拍摄光源的选择没有绝对性，拍摄时需要根据拍摄主题和被摄体性质来决定选择自然光源还是人工光源，但就零食坚果类网店拍摄商品的需求和标准而言，人工光源是首选。

一般杂志广告里美食大片都会选择自然光源，由于阳光所发挥的作用，拍摄画面明亮而又自然，更能呈现食物本身的光泽和色彩，容易拍出色泽饱满而又清晰的食物照片。虽说自然光源是拍摄食物的关键，但是对于网店食品类商品的拍摄，容易导致拍摄的失败。这是因为，自然光源光线方向、角度、色温和光照强弱是不可控的，对于定期集中大量上新的零食坚果类卖家，运用自然光源的自由程度就会受到限制。所以零食坚果类商品拍摄依然较多使用人工光源。通过合理设置灯具数量和灵活布光，随时能拍出令人食欲大开的食物照片，引起买家的购买欲望。零食坚果类商品拍摄对布光的要求不高，所以灯具数量一般 2 ～ 3 盏就够用了，也可根据拍摄需求再增加。总之，灯具数量不在多，在于合适。

（二）光线的运用

零食坚果类商品的拍摄主题和被摄体性质决定光线的运用，而光线的运用决定照片的基调和氛围。拍摄好食物，布光是很关键的一环，而布光则是对光线的灵活运用。一般情况下，对食品布光很少使用直射的硬光，而是使用带有一定方向性、光照面积大的柔光。柔光的强弱程度视食品的表面情况而定，若食品的表面较为粗糙，一般应使用光线较硬的柔光；若食品的表面光滑，则要使用光线极软的柔光。这样，食品的质感才能得到最佳表现。柔和的光线不仅是为了让照片画面看上去更自然，也可以将食物最诱人的真实一面展示出来，唤起买家食欲。

阴影是食物摄影的大忌，布光时，要注意光照亮度是否均匀，对暗部可以利用曲线形的反光板作适当补光，以免明暗反差过大，破坏食物美感。坚果类商品，大多有明显的形状，拍摄时需要用轮廓光勾画坚果的外形时，轮廓光也不宜太强，并要求在泛光灯前加装蜂窝罩，以控制光域，不干涉主光。

零食坚果类商品拍摄最常用到的光位包括顺光、侧光和逆光。以零食甜点为例，不同光线方向呈现的照片效果不同，顺光下被摄体均匀受光，画面有空气感；逆光下氛围融合，画面质感细腻，轮廓清晰色彩鲜艳；侧光下被摄体明暗对比强烈，富有立体感。具体效果图如图 5-28 所示。

（a）顺光图片效果

(b) 逆光图片效果

(c)侧光图片效果

图 5-28　不同光线方向的图片效果

零食坚果类商品拍摄时，根据拍摄者的拍摄意图、画面想要表现的元素及后期图片用途来选择光位。一般使用多光位拍摄，这样商品细节可以全方位呈现，如图 5-29 所示。

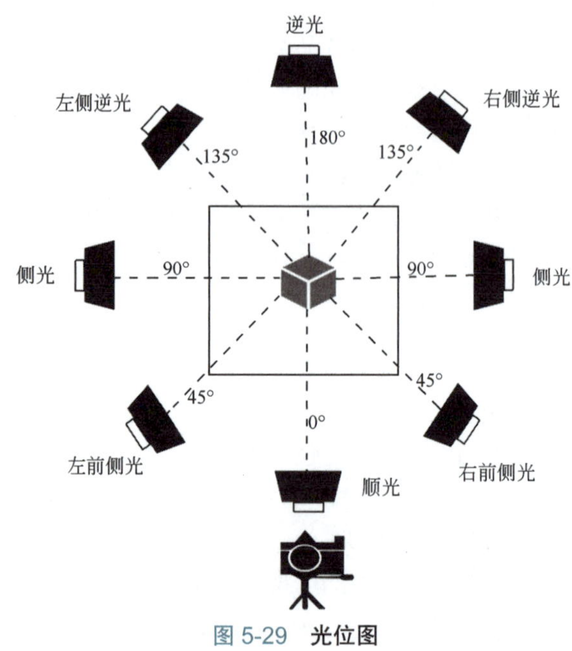

图 5-29 光位图

二、零食坚果类商品的拍摄技巧

（一）拍摄前的准备

1. 确定拍摄风格

商品拍摄前务必要明确拍摄意图，确定拍摄风格：一是为了图片效果与网店风格统一；二是为了布光时调节色温，确定色调；三是方便后期商品海报的制作。商品拍摄风格取决于网店定位和装修风格。零食坚果类网店的装修风格一般分为可爱休闲、清新淡雅和复古温馨等。拍摄清新淡雅风格的商品图片，布光时色调多为冷色调；复古温馨风格的商品图片色调多为暖色调；而可爱休闲风格的商品图片，暖色调、冷色调和正常色调都可以。风格确定后，拍摄时色调的改变通过调节色温来完成，而色温是通过选择灯具中黄光灯还是白光灯或调节相机白平衡来控制。如图 5-30 所示。

（a）冷色调图片效果

（b）正常色调图片效果

（c）暖色调图片效果

图 5-30 不同色调对图片效果的影响

2. 准备拍摄道具

确定拍摄风格后，选择适当的道具对拍摄画面加以点缀，可以避免画面平淡，让画面更丰富，更具美感。道具的色彩和质感需要与主体和谐，与拍摄风格统一；道具数量遵循少取的原则，切忌画面过于丰富，道具喧宾夺主，分散了视觉焦点。谨记摄影永远是减法，只有合理选择和运用道具，才能达到稳定构图与丰富画面的作用。

零食坚果类商品的拍摄道具有底衬、食材配料、器皿、花、餐具和复古森林风的松果树叶树枝等，其中盛放食物的器皿和底衬是常见且最重要的道具。选择器皿时，不要过于花哨，花哨的器皿会分散买家的注意力。通常，零食坚果类商品会选择雅致简单的纯色系器皿，常见的有白色碗碟、木质器皿或者冷却架，如图 5-31 ～图 5-33 所示。甜点类零食多用白色或清新系器皿，肉类和坚果类零食多用木质器皿或冷却架。底衬多选择麻布类背景布和黑白系底板，通常情况下，最好准备两种麻布背景布，一种浅色的，用于放置深色主体；一种深色的，用于放置浅色主体。通过颜色的互补来反映主体本来面貌，如图 5-34 所示。底板有反光和不反光之分，反光底板可制造投影的效果；反之则无此效果。

图 5-31 冷却架

图 5-32 木质器皿

图 5-33 白色碗碟

图 5-34 不同色系麻布背景布

（二）拍摄实施技巧

1. 拍摄角度和构图

零食坚果类商品的拍摄角度和构图，应该根据被摄体本身的特点来把握。0°、45°、90°是网店零食坚果类商品常用的三个拍摄角度：0°拍摄也是平行拍摄；45°泛指斜入角度；90°泛指垂直角度，也称俯拍。

（1）0°拍摄。0°拍摄可以突出被摄体的层次感和形状，有层次感的甜点类零食或形状明显、线条分明的坚果类零食常用平行拍摄，图片会有意想不到的美感，如图 5-35 所示。

图 5-35　平行（0°）角度图片效果

（2）**45° 拍摄**。45° 拍摄是网店零食坚果类商品拍摄的黄金角度，基本上用 45° 斜入角度就可以完成一组网店零食坚果类商品的拍摄，不分零食坚果的种类，而且很少出错。45° 拍摄兼具平行拍摄的空间感、层次感，又不乏 90° 拍摄的整体感和大局感，如图 5-36 所示。

图 5-36　45° 角度图片效果

（3）**90° 拍摄**。从上往下垂直拍摄，可以呈现画面的整体感。网店零食坚果类商品垂直拍摄的图片，通常会用在海报制作、详情页制作上，所以对光源的对称性有一定要求，不要让画面有阴影，阴影会增加图片后期处理的成本和时间。对于画面阴影，可以用反光板放在光源方向的相反面，这样洒在反光板上的光可以反射到被摄体上，照亮被摄体的暗面，如图 5-37 所示。

图 5-37 垂直（90°）角度图片效果

相同的被摄体从不同角度展现，可能会发现不一样的味道。拍摄者可以多尝试不同的摄影角度。网店零食坚果类商品拍摄时，对构图要求不高，任何构图方式都是可以的，只要图片看起来让人有食欲，构图就是成功的。

通过构图和摄影角度的变化来让食物给买家一种新鲜的感觉。拍摄前，多观察被摄体，找到适合商品图片的构图和摄影角度，并判断该构图和摄影角度想要传递出什么样的信息。若无法做出正确的判断，可以分别利用各种构图和角度来摄影，然后挑出能让人食欲大增的图片。

2. 利用景深展现食物的细节诱惑

拍摄角度其实与景深有一个对应的关系，0° 和 45° 浅景深，90° 深景深。简单的景深调节，可通过设置光圈来完成，大光圈浅景深，小光圈深景深。用浅景深拍摄零食坚果局部的特写时，多运用大光圈的背景虚化效果，能够更好地展示食物的细节，呈现食物质感，让食物更具有诱惑力。有的相机内置有美食模式，打开相机美食模式，光圈会自动调大，色彩也会变得鲜亮一些，这说明浅景深是食品摄影惯用的拍摄方法。景深运用得好，可以烘托重点，突出呈现食物的质感，让图片效果更佳、秀色可餐。但是利用景深拍摄食物细节时，不要一味地把光圈调到最大来拍摄，要合理调节光圈，要让买家清楚你拍的是什么食物，不要为了追求焦外虚化而让食物本身模糊掉。如图 5-38 ～图 5-40 所示。

三、零食坚果类商品图片后期处理技巧

如果发现零食坚果类商品图片与实物差距过大，买家多数会选择差评而不是退货，食品类商品得差评的概率较高，这也是食品类网购的特殊性，所以零食坚果类商品图片的后期处理非常重要。零食坚果类商品最佳的图片效果是还原食物本真，能让图片具有食欲感，能最大程度刺激买家的视觉与味蕾，促成交易。切记不要过度渲染图片，营造食物不真实的美感。

图 5-38 浅景深突出食物细节 1

图 5-39 浅景深突出食物细节 2

图 5-40 浅景深突出食物细节 3

（一）污点修复

食物摄影画面干净卫生是基础要求，零食坚果类商品也不例外。拍摄时，画面中大污点或易清理的脏点可以尽量避免，不可避免的是食物本身的瑕疵或不完美的地方。后期修图时，首先需要把图片中的脏点、瑕疵和食品本身不完美的地方进行修复。

夏威夷果的果壳碎屑留在乳黄色的果仁上格外突兀，影响画面整体美感，果壳上也有大面积明显的污点，如图 5-41 所示。

图 5-41 污点影响图片美感

污点修复：可以使用 Photoshop 中的“修复工具”，选中 Photoshop 工具栏中“修复工具”，选择“污点修复画笔工具”，在顶部属性栏设置污点修复画笔属性，如图 5-42、图 5-43 所示。

图 5-42 选择污点修复画笔工具

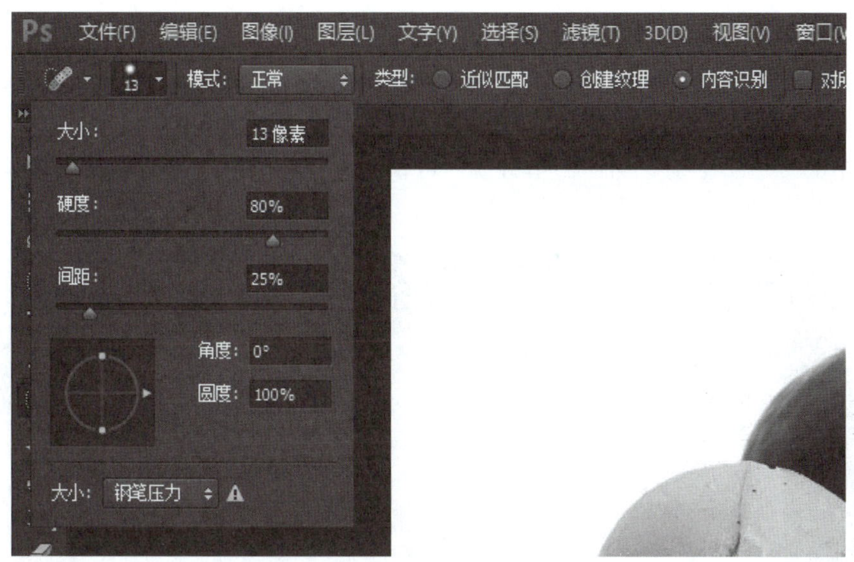

图 5-43　污点修复画笔属性设置

在画笔属性选项中，设置画笔类型为“内容识别”，则污点修复画笔工具会根据污点周围的图像自动无缝填充污点，修复小瑕疵的操作简单，效果明显。将光标移动到需要修复的污点上，单击鼠标左键，污点可以自动消除。在污点修复时，可根据污点大小，调整画笔大小和硬度。污点修复是耗时的精细工作，耐心慢慢操作，才能得到理想的图片修复效果，如图 5-44 所示。

图 5-44　效果对比图

微课 5-5　坚果污点修复实操案例

M5-5　坚果污点修复操作视频

（二）调整色彩平衡

图片偏色是不同拍摄题材都会遇到的问题。零食坚果类商品图片对偏色问题要求较低，通常为使食物图片有诱人的美感，在进行色彩调整时，会在食物原本色彩上稍加美化。Photoshop 中的“色彩平衡”操作简单直观，可使用“色彩平衡”工具解决零食坚果类商品图片偏色的问题，如图 5-45 所示。

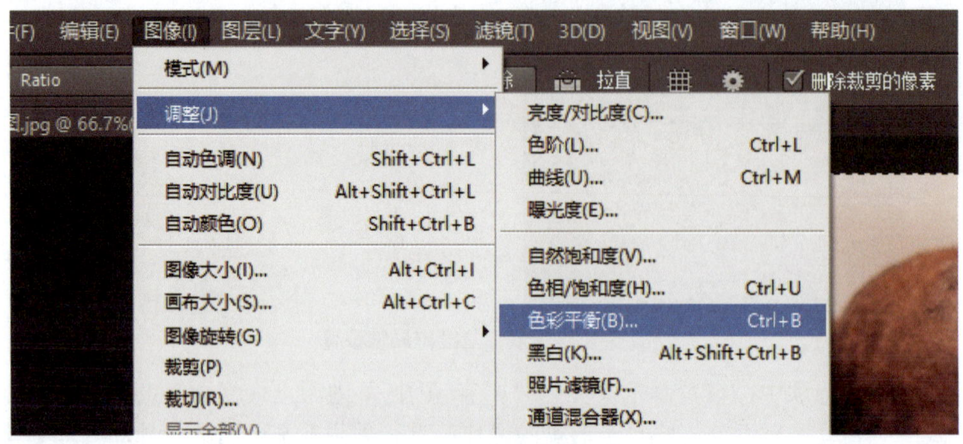

图 5-45　打开色彩平衡工具

打开“色彩平衡”工具对话框，也可以使用快捷键“Ctrl+B”。色彩平衡，是用补色的原理来调色的，调整红、绿、蓝和它们的补色，包括青、洋红、黄等颜色在图像中的比例，可以纠正图像偏色或者使图像中某种色彩增强或减弱。色调平衡，是通过选择阴影、中间调和高光来控制图像不同色调区域的颜色平衡。阴影是画面中最暗的区域，中间调是画面亮度相对中和的区域，高光是画面中亮度最亮的区域，每个色调可以通过移动三个色条中三角滑块独立地进行“色阶”调整。对话框左下角“保持明度”勾选后可以防止图像的亮度值随着颜色的更改而改变。

以夏威夷果的商品图片为例，色彩平衡调整前，图片中夏威夷果乳黄色的果仁和原本褐色的果壳由于光线过度造成偏色，图片明显偏红色。面对这种情况，使用“色彩平衡”工具还原本色，参数设置如图 5-46 所示。

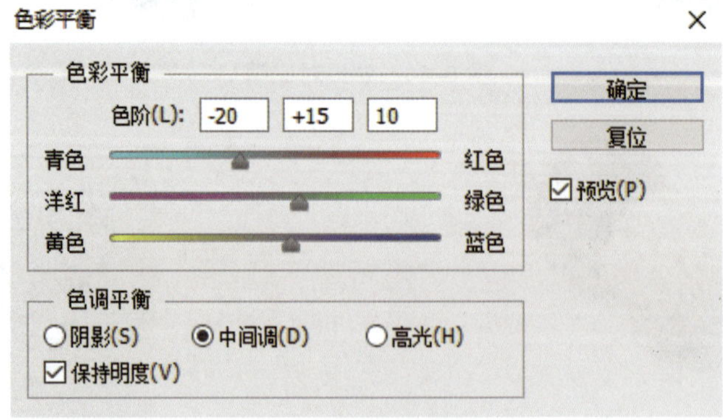

图 5-46　彩色平衡参数设置

图片处理前后对比，如图 5-47 所示。

图 5-47　色彩平衡调整前后对比

微课 5-6　调整色彩平衡实操案例

M5-6　调整色彩平衡操作视频

四、零食坚果类商品淘宝海报、主图、详情页的制作

淘宝零食坚果类商品同质化现象是比较严重的，各卖家在商品质量、销售价格等方面都大同小异的情况下，视觉营销就显得尤为重要。一张精美的商品海报、主图和详情页，可以让买家对店铺的第一印象加分，也能让店铺显得更专业，增加买家的购买信心，在千篇一律的网店商品中体现出不同，从而获得买家青睐。

（一）零食坚果类商品海报制作

零食坚果类商品海报是要体现出零食坚果的属性特点的。零食坚果是人们休闲时刻或聚会时的消遣食物，海报设计制作时需要营造休闲、轻松和快乐的氛围。可以通过以下几种方式，来营造海报的氛围。

1. 添加动漫元素

海报中添加动漫元素是零食坚果类海报设计常用的方式，近几年这种现象尤为突出。有条件的卖家会设计符合店铺定位和形象的动漫形象，动漫元素表现出的可爱和萌态，会让海报氛围轻松活泼，能够迅速拉近与买家的距离，提高商品转化，如图 5-48 所示。

2. 暖色调

暖色的海报基调给人一种温馨舒适感，零食坚果类商品暖色调的海报设计是中规中矩的设计方式，可以保证零食坚果类海报氛围不会出错。在保证海报的质量的同时，又可以简单、高效地设计制作海报。如图 5-49 所示。

图 5-48 添加动漫元素

图 5-49 暖色的海报基调

3. 主题

同其他类目相同，零食坚果类商品海报的主题一般分为促销类主题、节假日主题和商品卖点主题，如图 5-50 ～图 5-52 所示。针对零食坚果类海报主题的提炼，文案在应景的同时，也要轻松幽默，有趣味性，以烘托海报氛围。

图 5-50　促销类主题

图 5-51　节假日主题

图 5-52　商品卖点主题

微课 5-7 牛排海报制作实操案例

M5-7 牛排海报制作操作视频

（二）零食坚果类商品主图制作

主图是买家搜索商品时最先看到的图片，主图的重要性对任何类目商品来说都是一样的，一张漂亮的主图可以在商品列表中脱颖而出，赢得点击。商品主图的风格和基调一般与其海报保持一致，主图文案较海报文案而言，更简短明了。零食坚果类商品主图设计制作一般分为以下几种形式。

1. 商品主图＋包装

商品主图加包装的展现形式，是零食坚果类商品主图常见的形式之一，图片简洁，焦点突出，单刀直入地传达图片信息。这种主图多使用纯色背景，衬托主体，不会造成买家视觉上的混乱，还可在图片上添加品牌标志或者店铺标志，以丰富画面，与此同时图片依然简洁大气，如图 5-53 所示。

图 5-53 商品主图＋包装

2. 商品细节图

放大细节，可以让食物更诱人，零食坚果类卖家也常用商品细节图作为主图。质朴的细节图，有种此时无声胜有声的感觉，商品的优点体现在细节之处，诱人的细节图更容易唤起买家的食欲，从而增加销量，如图 5-54 所示。

图 5-54 **商品细节图**

3. 商品主图 + 文案

零食坚果类商品主图设计制作时，也要考虑商品主图不单是展示商品，也有宣传推广商品或店铺的作用，商品主图加文案的展现形式也是零食坚果类商品主图常见的形式之一，文案可以根据卖家自身需要添加促销类文案或者核心卖点类文案，如图 5-55 所示。

图 5-55 **商品主图 + 文案**

4. 商品细节图 + 文案

商品细节图加文案的展现形式，既体现商品细节又能宣传推广商品或者店铺，商品细节图可以是多个商品展示，也可以是单品展示，单品展示需要在构图上富有创意，让图片更具美感，如图 5-56 所示。

图 5-56 商品细节 + 文案

微课 5-8 零食商品主图制作实操案例

M5-8 零食商品主图制作操作视频

（三）零食坚果类商品详情页制作

零食坚果类商品详情页模块内容与饮料类商品内容差别不大。常规的商品详情页框架模块依次有焦点图、商品信息、商品细节展示、包装及物流信息和售后保障，其他附加模块有食用场景图、分享场景图、同类商品优劣对比、买家秀展示和搭配推荐等。

商品详情页的制作面临的问题同商品主图一样，即如何解决内容千篇一律的问题。想要解决这个问题，可以根据商品特质，挖掘买家"痛点"。也就是说，买家除了想要知道商品基本信息、商品口味和品质问题外，还想要知道什么或者说还会有哪些购买疑虑，而这些就可以体现出商品详情页内容的不同之处。比如，人们在吃夏威夷果的时候，如何打开夏威夷果坚硬的外壳，这是令买家头疼的问题，卖家就需要在详情页说明如何巧妙打开夏威夷果，如图 5-57 所示。夏威夷果开口率的展示和包装展示等细节内容不仅可以提高详情页质量，还能迅速提升用户体验，提高复购率，如图 5-58、图 5-59 所示。

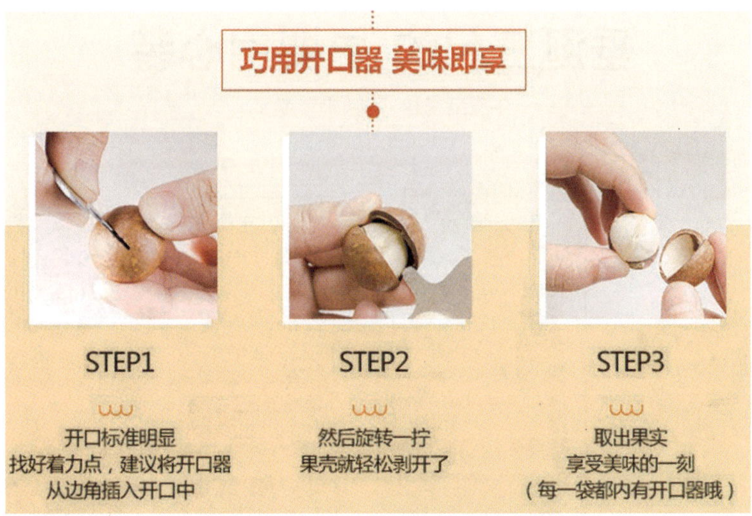

图 5-57　如何巧妙打开夏威夷果

图 5-58　开口率

微课 5-9　零食商品详情页美味分享实操案例

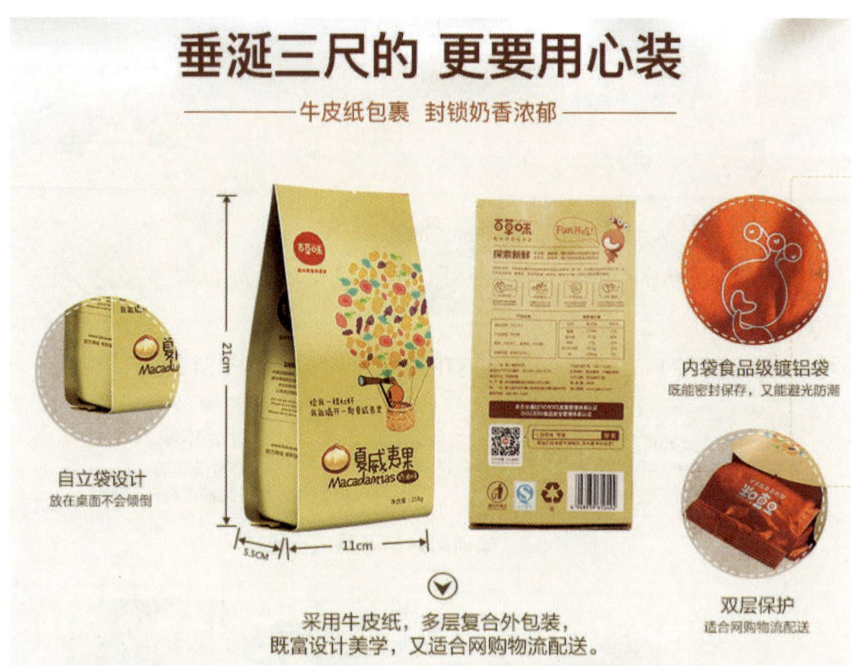

图 5-59 包装展示

【相关知识】人造光源的光位

光位是指光源相对于相机与被摄体的位置，即光线的方向与角度。同一被摄体在不同光位下会产生不同的明暗效果。摄影中的光位千变万化。食品类商品常用的光位有以下几种。

一、顺光

顺光也称“正面光”，是指光线投射方向跟相机拍摄方向一致的照明，随着角度高低可分为平顺光和高位顺光。顺光时，光线均匀主体明亮，但不利于表现被摄体的立体感。

二、前侧光

前侧光是指光线投射水平方向与相机成 45° 左右夹角时的照明。前侧光时，能使被摄体产生明暗变化，很好地表现出被摄体的立体感、表面质感和轮廓，并能丰富画面的阴暗层次，起到很好的造型、塑形作用，因此这种光线也常用作主要的塑形光。

三、侧光

侧光是指光线投射方向与相机拍摄方向成 90° 照明。侧光下被摄体有明显的阴暗面和投影，突出明暗的强烈对比，对被摄体的形状和质感有较强的表现。

四、后侧光

后侧光是指光线投射水平方向与相机拍摄方向成 135° 左右夹角时的照明。后侧光下被摄体大部分处在阴影之中，被摄体被照明的一侧往往有一条亮轮廓，能较好地表现被摄体的形状和立体感。

五、逆光

逆光也称背面光，是指光线从被摄体背面照明。在逆光下，只能照亮被摄体的轮廓，可作为轮廓光使用。

【同步实训】

一、实训概述

本项目实训为食品类商品图片的拍摄及制作，学生通过本项目的学习，能够掌握食品类商品拍摄与后期处理的具体方法与技巧，并能完成商品的海报、详情页与主图的设计与制作。

二、实训素材

1．装有 Photoshop 软件的电脑。
2．饮料类与零食坚果类商品、相机等。

三、实训内容

实训任务一　饮料类

步骤 1：学生对饮料类商品进行拍摄，在拍摄时注意突出产品的特点。
步骤 2：学生利用 Photoshop 对拍摄成果进行后期美化处理。
步骤 3：学生根据商品特点完成主图、海报以及详情图的设计与制作。

实训任务二　零食坚果类

步骤 1：学生对零食坚果类商品进行拍摄，在拍摄时注意突出零食坚果类商品的特点。
步骤 2：学生利用 Photoshop 对拍摄成果进行后期美化处理。
步骤 3：学生根据商品特点完成主图、海报以及详情图的设计与制作。

四、考核评价

项目名称	食品类商品	
任务完成方式	小组协作完成 个人独立完成	
评价项	评价点	总分值
饮料类商品信息采编	1. 拍摄易拉罐时光源选择是否适合（5 分） 2. 拍摄易拉罐时布光是否合理（10 分） 3. 拍摄前准备是否充分（5 分） 4. 拍摄的图片曝光是否恰当（10 分） 5. 能否对拍摄成果进行恰当的后期美化处理（10 分） 6. 能否根据产品特质设计并制作出符合饮料类商品要求的海报、主图以及详情页（10 分）	50 分
零食坚果类商品信息采编	1. 拍摄零食坚果时光源选择与光线运用是否合理（10 分 2. 拍摄零食坚果时，道具准备是否充分，布景是否美观（10 分） 3. 拍摄零食坚果时是否能根据画面构图需要采用正确的拍摄角度（10 分） 4. 能否对拍摄成果进行恰当的后期美化处理（10 分） 5. 能否根据产品物质设计并制作出符合零食坚果类商品要求的海报、主图以及详情页（10 分）	50 分

续表

项目名称	食品类商品				
本主题学习单元成绩：					
自我评价	（20%）	小组评价	（20%）	教师评价	（60%）
存在的主要问题					

【巩固与提高】

一、单选题

1. 拍摄易拉罐时，为防止易拉罐变形，应使用（　　）拍摄。
   A．标准镜头　B．长焦镜头　C．广角镜头　D．短焦镜头
2. 拍摄易拉罐时，一般采用（　　）布光。
   A．包围法　B．正面两侧　C．两侧 45° 角　D．前后交叉
3. 由于易拉罐是反光体，拍摄时不宜使用（　　）。
   A．散射光　B．柔光　C．硬光　D．漫射光
4. 拍摄零食坚果，光线方向、入射角度、色温和（　　）影响光源的选择。
   A．拍摄时间　B．天气　C．商品特质　D．光照强弱
5. 不符合零食坚果类商品海报风格的是（　　）。
   A．可爱休闲　B．清新淡雅　C．复古温馨　D．时尚商务

二、简答题

1. 拍摄易拉罐时，如何布光？
2. 零食坚果类商品拍摄中经常会用到哪些角度？

三、讨论题

1. 如何利用景深拍摄食物细节？
2. 如何提高零食坚果类商品详情页质量？

四、实操题

教师提供一组零食坚果商品，学生在工作室进行布光并完成不同角度的拍摄，完成后以小组形式进行互评。

项目六

服装类商品

网购服装随着电商的发展成为了人们日常生活的主流。淘宝平台曾联合第一财经商业数据中心推出 50 余份数据分析报告，其中服装行业的研究报告指出，阿里巴巴大数据汇集了 3.86 亿消费者、超过 1000 万商家、10 亿件商品的基本信息和行为数据。由此可以得出结论，服装是线上起步最早、规模最大、发展最为成熟的行业，目前依然保持着较快增长。其中，能否通过商品图片将卖点准确传达给买家是判断服装类网店经营是否成功的要素之一。

网店服装商品摄影，属于服装商品的平面广告摄影范畴，应在特定的场景中运用特定的布光造型，用相机表现服装商品的造型特色。针对不同的服装商品，拍摄时需要考虑的方式技巧也不同，本项目将从商品信息采编的角度讲述男装与女装从拍摄到美化的一系列流程，讲述服装类商品的拍摄与美化的具体方法与技巧。

【学习目标】

1. 知识目标

（1）掌握拍摄的方法及技巧；

（2）掌握服装类商品后期处理时所用到的方法；

（3）熟悉服装类商品海报、主图及详情页的设计相关技巧知识。

2. 能力目标

（1）能够使用拍摄工具完成不同角度的拍摄任务；

（2）熟练商品图片的后期处理技巧；

（3）能够完成淘宝海报、主图、详情页的制作。

【任务分解】

任务一　女装类

一、女装类商品拍摄灯光的选择

女装类商品的摄影可利用室外自然光或者室内人造光进行拍摄。室外自然光可以选择在晴天，即阳光比较充足的时候，时间可以选择在上午或者下午，这样能拍出更自然的照片。如果遇到阳光照度不够的情况，可以采用一些如发光板一类的道具给服装进行补光。假如阳光比较强烈，会造成很明显的阴影，这时也可以采用反光板来减弱阴影，来更好地展示服装的细节。比如，间接光拍摄，即在阳台等地方拍摄，建议利用反光板，可以改变通过阳台射入的光线方向，得到柔和而自然的照片（拍摄时间中午 12 点至下午 2 点间）；而直接光拍摄，即晴天室外拍摄，建议设置皱纹纸和反光板，利用皱纹纸使光变得柔和，反光板增加亮度。

在室内影棚进行服装摄影时，就要用到人为造光来进行服装拍摄。正规的布光方法，应该注重使用光线的先后顺序。第一步，重点把握主光的运用。因为主光是所有光线中占主导地位的光线，是塑造拍摄主体的主要光线，当主光作用在主体位置上后，其灯位就不再轻易移动。第二步，利用辅助光调整画面上由于主体的作用而形成的反差，要适当掌握主光与辅助光之间的光比情况。辅助光的位置，一般都安排在照相机附近，灯光的照射角度应适当高一些，目的是降低拍摄对象的投影，不致影响到背景的效果。第三步，辅助光确定以后，根据需要再来考虑轮廓光的使用。轮廓光的位置，一般都是在商品的左后侧或右后侧，而且灯位都比较高。使用轮廓光的时候，要注意是否有部分光线射到镜头表面，一经发现要及时处理，以免产生眩光。第四步，根据拍摄需要，考虑背景光等其他光线的使用。因此，一般情况下，建议一个主光加一个辅助光的布光方式，利用这两个灯光进行45°角照射。主光突出服装细节的质感与色彩。辅助灯光起到调解与辅助的作用，可以根据现场情况来进行适当调整。

二、女装类商品的拍摄技巧

（一）拍摄前的准备工作

1. 拍照前认真整理衣服

人眼看上去很舒服的衣服在镜头里未必还能给人同样好的感觉，肉眼看起来不起眼的皱褶在镜头里就会变得明显、刺眼，令观者的感受不佳。服装行业里说“三分缝制七分整烫”，要将需要拍摄的衣服在拍前仔细整烫，尽最大可能在镜头里看不到皱褶。因为镜头要比我们的眼睛挑剔，肉眼看起来平整的衣服在镜头里会呈现出好多皱褶。

2. 服装的摆放

服装的合理摆放能直接影响消费者的购买欲望。在进行服装摆放时应注意服装的平整与风格搭配，如用一些小饰品、花朵、乐器、礼帽等来搭配，以此来体现服装的多元化。还可以利用模特来配合展示衣服，增加服装的立体感，让服装展示得更生动。

3. 拍出商品的卖点 / 特点

商品拍摄的总体要求是将商品的形、质、色充分表现出来而不夸张。因此在进行拍摄时需要重点体现服饰的细节部分，如吊牌、拉链、线缝、内标、LOGO、领口、袖口以及衣边等。衣服的特别之处是要拍摄细节，细节越多，买家看得越清楚、了解越多，在进行比较的时候就越能发挥优势，如图 6-1 所示，拍出衣服车线的位置，展示做工的同时也展示了衣服的面料。

（二）摄影方法与技巧

1. 平铺拍摄

平铺拍摄是淘宝众多卖家最常用的拍摄手法，因为平铺拍摄相对简单一些。通常 T 恤、裤子、裙子等无法突出立体效果的服装可以采用平铺拍摄的方式。进行平铺拍摄，选择好的背景很重要，平铺摄影时如果背景杂乱，往往拍摄效果难以令人满意，如图 6-2 所示。

图 6-1　**商品细节拍摄**

图 6-2　**平铺**

2. 挂拍手法

在拍摄悬挂着的商品时，要注意背景和照明的设置方法。如果想得到单色背景的干净照片，就只需要白色的背景，周围使用遮光板，正面放置光源即可。类似的方法同样可以搭配模特架子进行拍摄。相较于平铺拍摄，挂拍手法展示出来的效果更加直观，如图 6-3 所示。

图 6-3 挂拍

3. 真人模特拍摄

在女装真人模特拍摄时对拍摄方向的选择主要有正面、侧面、前侧面、背面几种，通过不同的拍摄方向多方面地展示产品。

（1）正面照。正面照指采用正面的方向拍摄人物，能很好地表现被摄者正面特征，人物的各部分都处在相等的对称位置，正面照能够完美地展现服装产品的各项特征，如图 6-4 所示。

图 6-4 正面照

（2）前侧面照。这个拍摄方向不仅能表现出被摄者的正面结构和侧面结构，还能很好地表现出这两个面相结合的棱线，使服装的形象、轮廓和立体效果得到充分的表现。从拍摄原理上来讲，这种方向拍摄出的人物在画面中的各部分不是处在同等地位，所以，画面中的影像显得活泼，富有变化，整个画面具有动感和较明显的方向性。图片的好看程度决定了客户的购买倾向，所以说，拍出好看的图片是很重要的一环，如图 6-5 所示。

图 6-5　**前侧面照**

（3）**侧面照**。侧面照是指拍摄时照相机正对着被摄者的侧面进行拍摄，以表现出被摄者的侧面形象、线条结构。侧面拍摄具有强烈的动感和方向性，可以使被摄者的侧面轮廓得到充分的表现，如图 6-6 所示。

图 6-6　**侧面照**

（4）**背面照**。在服装真人模特拍摄中，从被摄者的背后方向拍摄也是常见的，通常是为了展示服装的背面效果。背面拍摄能显示出被摄者的背面特征，引导观众的视线向纵深发展，在选择背面方向拍摄人物时，一定要注意被摄者的背面要整理整齐，如图 6-7 所示。

图 6-7 背面照

三、女装类商品的图片后期处理技巧

拍摄完成后的图片，一般是不能直接使用的，在上传至店铺之前，卖家需要针对如文件太大不能直接上传、图像色彩偏色、商品背景杂乱等问题，对图片进行处理以使其符合使用要求。

（一）偏色调整

在商品拍摄时因为环境光线的原因，经常会拍摄出偏色的照片。在商品展示过程中，图片的质量会直接影响成交的结果，如一张偏色照片，使买家对商品实物认知出现偏色的情况，这样的图片放在店铺中导致的结果无非两种，一种是客户流失，另一种是增加中、差评的数量。解决这类问题可以使用 Photoshop 中的“色彩平衡”工具，其对于商品偏色调整最为直接有效。如图 6-8 所示，拍摄出来的图片整体偏蓝色，失去了商品的原色，面对这种情况，可利用“色彩平衡”工具还原本色。

图 6-8 偏色图

在 Photoshop 中将图片打开，选择“图像”→“调整”→“色彩平衡”命令或按快捷键“Ctrl+B”，出现“色彩平衡”对话框，如图 6-9 所示。

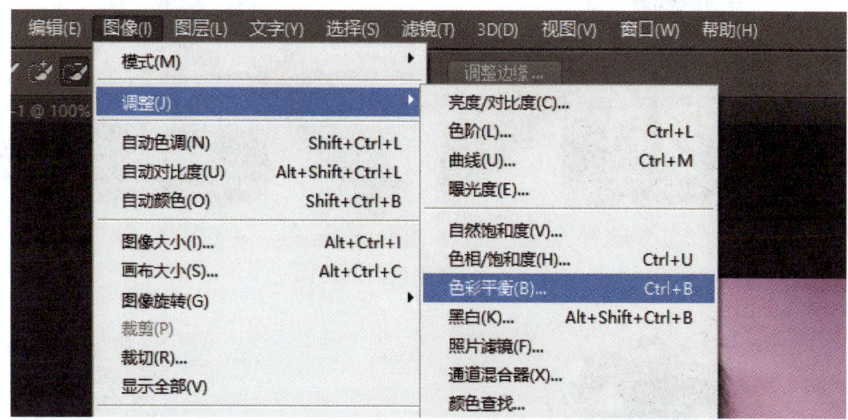

图 6-9　打开色彩平衡工具

由于图片整体偏蓝色，需要减少蓝色，“色彩平衡”参数设置如图 6-10 所示。

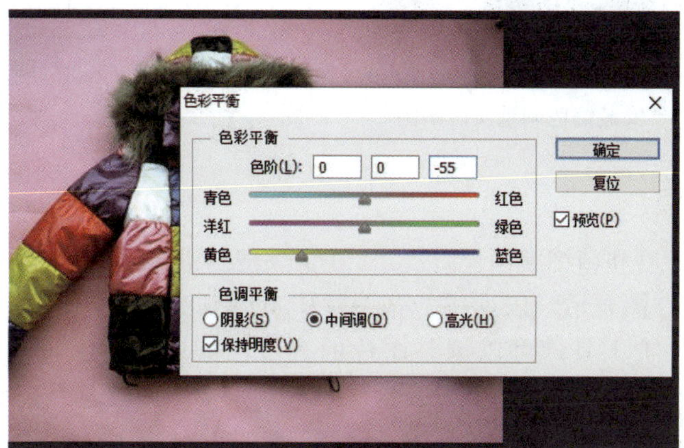

图 6-10　色彩平衡参数设置

通过对色彩平衡的调整，减少图片中的蓝色，最终效果图中的蓝色就没有那么突出了，如图 6-11、图 6-12 所示。

图 6-11　最终效果图

图 6-12 处理前后对比图

微课 6-1 女装偏色调整实操案例

M6-1 女装偏色调整操作视频

（二）亮度调整

图片的色彩丰满度和精细度由色阶决定。色阶是表示图像从暗到亮像素的分布情况，一般以波浪峰值的直方图表示，表现了一张图片中从暗到亮的各个层级中像素的分布数量。通过 Photoshop 的色阶工具，可以调整图片的亮度，如图 6-13、图 6-14 所示，选择“图像”→“调整”→“色阶”命令或按快捷键“Ctrl+L”，出现“色阶”对话框。

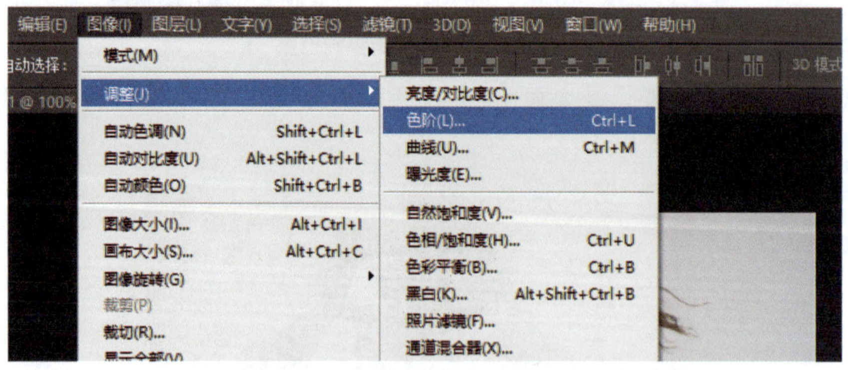

图 6-13 打开色阶

在“色阶”工具的使用中，最关键的是需要灵活调用图中的 3 个三角形滑块：黑色的三角形滑块，用于调整图像暗度，其效果是使暗部更暗；灰色的三角形滑块，用于调整中间色调，其效果可调亮也可以调暗；白色三角形滑块用于调整图像亮度，其效果是使亮部更亮。由于商品图的模特处于画面正中间，需要将中间色调提亮突出商品，因此可将灰色三角形滑块向左滑动，反之，则是将亮度调暗。将图片亮度调整至满意的亮度后，保存即可，如

图 6-15、图 6-16 所示。

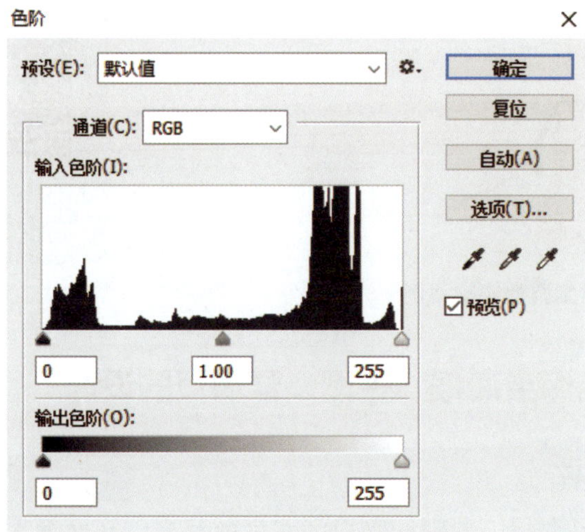

图 6-14　色阶工具

图 6-15　色阶调整参数设置

图 6-16　处理前后对比图

微课 6-2 女装亮度调整实操案例

M6-2 女装亮度调整操作视频

四、女装类商品淘宝海报、主图、详情页的设计

（一）女装海报设计

一张成功的淘宝商品海报，能瞬间吸引消费者的目光，从而增加顾客的停留时间，加强印象。因此，海报设计必须是目的明确且排版美观的，在制作时注意版式的选择、色彩的搭配、文案的营销性三个方面内容。常见的海报可分为两种，一种是尺寸为 1920 像素 ×500 像素 /1920 像素 ×600 像素的全屏海报，另一种为 950 像素 × 自定义像素的 950 海报。

1. 确定海报版式

在进行女装海报设计之前，需要先确定海报呈现的版式，常见的女装海报版式有以下 6 种。

（1）平行式排版。平行式排版是三大常见的排版方式之一，图片与文字各占海报的相等区域。采用这种排版的文案要能高度概括活动主题，不然就没有看点；缺点在于略显呆板，缺乏变化，容易千篇一律。如图 6-17 所示。

图 6-17 平行式排版

（2）纵列式排版。纵列式排版也是三大常见的排版方式之一，图片与文字也是平分秋色，只不过纵列式排版的主标题是以纵向排列的方式呈现。与平行式相比，纵列式排版的优点是增加层次感和丰富度；缺点是容易造成画面的比例失衡，头重脚轻。如图 6-18 所示。

（3）对称式排版。对称式排版给人稳定、庄重、理性的感觉。对称分为绝对对称和相对对称，一般多采用相对对称，以避免过于严谨，可以增加动感和观赏度。如图 6-19 所示。

（4）文字型排版。文字型排版多见于大品牌的海报，因为大品牌已经积累了较强的品牌力，文字比图片更能帮助该品牌展现自己的实力，这种排版方式的特点是简洁有力但缺乏表现力。如图 6-20 所示。

图 6-18 纵列式排版

图 6-19 对称式排版

图 6-20 文字型排版

（5）**平铺式排版**。平铺式排版促销海报制作手法，能直观地展示促销产品，突出标题文案。如图 6-21 所示。

图 6-21 平铺式排版

(6)排列式排版。排列式排版是最方便、简单的一种版式。把产品简单排列作为背景，然后在前面贴一个促销信息，稍微调整一下文字排版，一张简单的海报就生成了。如图 6-22 所示。

图 6-22 **排列式排版**

2. 用好配色

确定好版式后，接下来就需要考虑海报的配色问题了。网店海报在页面中是占据较大的面积的，同时也是最能吸引顾客的目光的。因此，一张优秀的海报往往能带来不错的点击率。设计除了要有好的创意，好的配色也同样重要。

每一种颜色都有其各自代表的含义与性格，因此可以根据海报的目的来选择颜色。常用于促销的颜色有红色、黄色、橙色、紫色。这几种颜色能给人一种热情奔放、活力四射的感觉，起到鼓动情绪的作用，非常适合用做活动促销。又比如，常见的家电、数码产品促销活动适合使用的颜色包括蓝色、灰色、红色、黑色、白色这几种。因为家电、数码这几类产品需要凸显科技感，最好使用一些较为刚硬的颜色，力求给人一种酷炫的感觉。

通常，在进行海报配色时，可运用以下三种方法，选择最适合自身店铺海报的配色。

(1)同色相搭配。一种色相的不同明度或不同纯度变化的对比，俗称同类色组合，如蓝与浅蓝（蓝 + 白）、绿与粉绿（绿 + 白）与墨绿（绿 + 黑）色等对比。这种配色方法的优点是对比效果统一，文静、雅致、含蓄、稳重，如图 6-23 所示。

图 6-23 **同色相搭配海报**

(2)邻近色搭配。色相环上相邻的二至三色对比，色相距离大约 30°，为弱对比类型。如红橙与橙与黄橙色对比等，效果感觉柔和、和谐、雅致、文静，但也会有单调、模糊、乏味、无力的感觉，必须通过调节明度差来加强效果，如图 6-24 所示。

图 6-24　邻近色搭配海报

(3) 对比色搭配。色相对比距离约 120°，为强对比类型，如黄绿与红紫色对比等，效果强烈、醒目、有力、活泼、丰富，但也不易统一而感觉杂乱、刺激，造成视觉疲劳。一般需要采用多种调和手段来改善对比效果，如图 6-25 所示。

图 6-25　对比色搭配海报

3. 文案花式

强调了版式与配色的重要性之后，文案在海报中的作用同样不可忽视。带有精准营销引导的文案能为海报起到“画龙点睛”的效果。那么海报的标题文案要怎么做呢？

(1) 突出活动促销信息。按节日、主题、活动、类目这几个方向收集文案。以“七夕”为例，“以爱之名、想礼的七夕节”“七夕，一起装饰爱”“七夕钜献”“约惠七夕，倾情钜献”等以节日氛围结合营销都是节日促销活动中最常见的文案表述，如图 6-26 所示。

图 6-26　主题文案

（2）**结合时事热点**。网店平台，如淘宝就是一个“草根”的聚集地，文案构思方面可以灵活运用网络用语，这样可以让消费者产生贴近的心理，如图 6-27 所示。

图 6-27 **热点文案**

（3）**引发共鸣**。选择一些容易引起共鸣的文案，这样既可以增加趣味性，又可以引起人们的点击欲望。当然也少不了要结合产品的卖点，如图 6-28 所示。

图 6-28 **引起共鸣的文案**

如图 6-29 所示，这张女装海报的设计在版式上很好地应用了对称式排版，并利用阴影效果突出了女装模特对商品的展示；在文案设计方面，为了丰富画面，选择结合几何图形呈现文案内容，让画面更具动感。不但如此，为了更好地贴合秋装的主题，海报中还增加了一些秋天的元素——枫叶。整张海报设计严谨、层次分明，并且在视觉体验上尽显大方、得体。

图 6-29 **女装海报主图**

微课 6-3 女装海报制作实操案例

M6-3 女装海报制作操作视频

（二）女装主图设计

商品主图的呈现即买家搜索得到结果后首先看到的图片、打开商品页面后显示的第一张图片以及左边的四张图片外加视频文件（动态视频主图），如图 6-30、图 6-31 所示。

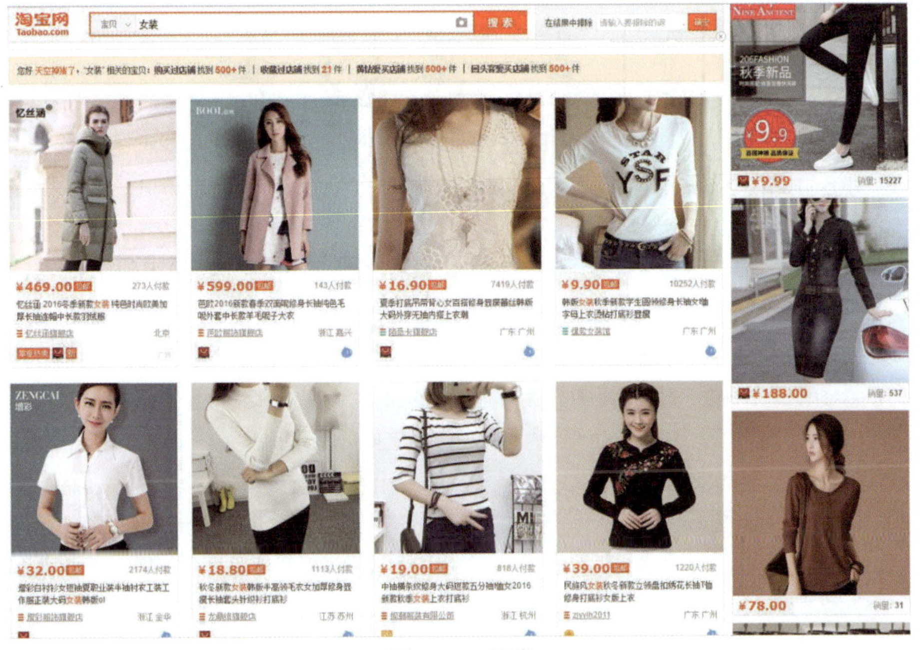

图 6-30 搜索

对于网店商品来说，大多时候，相较于文字和类目之类的流量入口，买家们更偏向于面对自己喜欢的主图产生点击，因为精美的图片设计往往是映入买家眼帘的第一关键。所以，卖家们若想在第一时间吸引顾客，并产生点击而进入店铺，商品的首页图设计十分重要。

商品的主图是卖家将店铺商品的重要信息传递给买家的重要窗口，所以，必须要起到准确传递信息的作用，因此在设计时尽可能强化商品的卖点，同时也要适当地加入促销因素，这样能给消费者留下较好的印象。

首先，商品主图尺寸默认为 800 像素 ×800 像素，大小不能超过 500kB。其次，主图应真实、清晰、不变形，这个是商品主图最基本的要求，卖家在展示产品图片时必须完整地展示产品，否则会降低商品主图的质量，同时也难以吸引买家，甚至会起到负面的效果。

图 6-31 详情页主图

除此之外，主图还应突出商品的卖点和亮点。卖点的提炼有很多方式，如利用商品的独特功能，像大小、材料、形状、重量等，但卖点的提炼不能太多，数量的控制上 1 个为宜。堆砌过多的卖点，反而会造成不好的视觉效果。另外，为了制造一些购买的紧迫感，像限时、限量等，可在主图上加上一两个促销的信息，如“满就减”“包邮”“限时特价”等。需要注意的是，文字不宜太多，排版清晰、色彩和谐是关键，不能喧宾夺主，影响商品的展示。最后，选择在主图上适当放一些起到画龙点睛作用的文字也是不错的选择，这种文字不是“包邮”“秒杀”“满就送”等字眼，而是对于吸引点击有好处的文字，如“一衣三穿，轻松有形”等。

以某女装为例，如图 6-32 所示，该女装主图先是在背景上以重叠矩形的方式营造出差异性；然后在焦点区放置了暗示服装风格的英文“FASHION STYLE”，商品以正面与背面的前后展示吸引买家的注意力；最后在左下角加上促销信息。这种撞色的色块设计，既突出了卖点，也不会喧宾夺主、削弱模特商品图的展示，在一定程度上能更好地激发买家的购买欲望。

微课 6-4 女装主图制作实操案例

M6-4 女装主图制作操作视频

图 6-32 最终效果图

（三）女装详情页设计

一个好的详情页，是促进商品成交的重要因素之一，对于网上购物来说，买家对大部分商品都有图片需求，买家想要了解商品，就是要从商品详情页里找自己想要了解的信息，比起文字说明，图片可以更直观地把信息传达给买家。因此，商品的详情页、图片信息是必不可少的，而且还要保证图片的全面，比如实拍图、细节图、展示图等，全面的图片可以让买家更好地了解商品。商品详情页的设计与制作大致可以分为以下几个模块。

1. 店铺活动介绍

详情页的焦点图部分是店铺活动介绍或收藏店铺引导的最佳位置。首先，在设计时应设置能够展示品牌特性与商品特色的模特为展示元素，再配上对商品特点进行概括的描述文案和活动介绍，这样能快速抓住买家的注意力，如图 6-33 所示。

其次，对于中小卖家，一个非常关键的点是收藏店铺。一旦风格符合买家的喜好，并且对购买商品感到满意后，她们很有可能再次来到这家店，关注新品或者其他商品。而此时卖家需要抓紧买家心理，提供最快捷的收藏按钮。在详情页头图处告知店铺促销活动，让其提前收藏，触动买家收藏的欲望。

2. 商品多角度实拍图

在介绍商品特点时，卖家需要对自己的商品做充分了解，找到商品卖点或者特色，然后重点突出。这时候就需要在详情页呈现多个角度的实物图，图片必须清晰，突出主题，明确商品特点，如图 6-34 所示。

图 6-33　详情页焦点图

图 6-34　商品多角度实拍图

3. 商品基本信息

商品的基本信息，如尺寸问题、面料问题、洗涤方法等都是买家最关注的要点之一，也是详情图设计中必须体现的内容之一，在制作这块内容时，可以采用图表结合上下划分的方式，在图片的上半部分放置商品的基本信息与模特展示图，让买家在了解商品信息的同时有具体的形象参考，如图 6-35、图 6-36 所示。

图 6-35 **商品属性**

图 6-36 **面料信息**

4. 商品细节实拍

细节实拍非常重要。借助看不到、摸不到的平面图片，卖家要告诉消费者商品特点。因此，在进行细节展示时要真正做到“细致”展示，可以以竖排并列的方式展示如材质、做工、正面、侧面、内部等细节。好的细节图能让消费者直观感受到你的商品，如线下购买一般当即下单，从而提高转化率，如图 6-37 所示。

5. 详情页尾部

详情页尾部可以加上包装箱、设计理念和品牌形象等图片，让买家心里感觉这家店铺实力雄厚，可以放心购买，如图 6-38 所示。

6. 关联营销

在详情页放置有连带关系的商品或是新品，最大程度带动店铺其他商品的销售，可以加深店铺访问深度，延长停留时间，关联营销的商品通常以格子布局的形式呈现，如图 6-39 所示。

图 6-37 商品细节实拍

图 6-38 形象展示

图 6-39 女装关联营销

微课 6-5　女装详情页卖点制作实操案例

M6-5　女装详情页卖点制作操作视频

任务二　男装类

一、男装类商品拍摄灯光选择

光线的运用是拍摄商品时不得不重视的问题之一，光线应用得当才能拍摄出好的商品图片，也能节约后期修图的人力与成本。

（一）灯光的数量问题

在拍摄时，灯光的数量是首要要求。只有一盏灯显然是不能满足拍摄需求的。假设现在只有一盏灯，灯只会向一个方向投射，那么灯光所在位置的对面势必会产生一个阴影，这样拍出的照片就会发暗。如果换成两盏灯，就会形成势均力敌的效果，这两盏灯摆放的角度应该要合理掌控。综上所述，灯光的数量要根据需求来进行选择。

（二）灯光如何摆放

当使用两盏灯时，如果摆放不当，尤其将两盏灯对称摆放时，很容易出现两个阴影。针对这个问题，建议一盏灯放于商品的左前方，另一盏灯放于商品的正右方，就可以明显弱化阴影，如图 6-40 所示。此外，还可以调节灯光的亮度或远近。

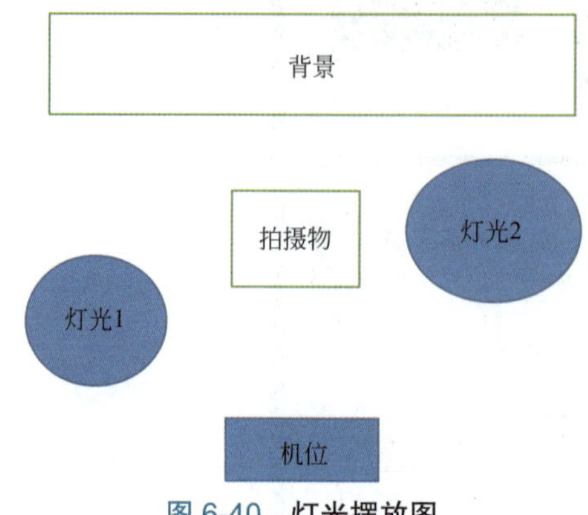

图 6-40 **灯光摆放图**

二、男装类商品的拍摄技巧

对于男装网店来说，款式的单一性让商品图片的展示变得更加重要，在进行拍摄时，为了让商品的价值发挥到最大，拍摄技巧的运用很关键。

（一）真人类模特的拍摄技巧

目前，淘宝上聘请真人模特拍摄是常态，因为采用真人模特拍摄不但能让服装展示更专业，也能带来更好的视觉效果，迅速引起买家的购买欲望。

拍摄真人模特角度是关键。同样的人，同样的商品，因为所选角度的不同，呈现在大众面前的结果也截然不同。男装拍摄角度的选择主要包括拍摄方向、拍摄高度以及拍摄距离几个方面的内容。如图 6-41 所示，不同的拍摄角度呈现出来的结果完全不同。

1. 拍摄方向

拍摄方向是指以拍摄对象为中心，在同一水平面上围绕被摄对象四周选择不同的摄影点。通常情况下，我们可以将拍摄方向分为正面角度、侧面角度、斜侧角度、反侧角度、背面角度几种。

（1）正面角度。正面角度是指摄像机处于被摄人物正面的拍摄，直观地表现被摄对象的正面特征。采用正面角度的拍摄方法可以完整地呈现人物的面部特征及其神韵，能够强化对称美，渲染隆重的气氛。相对应地，这种拍摄方式也有不够立体和比较呆板的缺点。

（2）侧面角度。侧面角度是指摄影机处于被摄物体侧面的拍摄，能够直接表现被摄对象的侧面特征。用侧面角度去拍摄的画面，有助于突出人物的轮廓线条。

图 6-41 正面和斜侧面效果图

（3）**斜侧角度**。斜侧角度是指摄像机处于被摄对象正面和侧面之间的位置。这种拍摄角度既能表现出正面的特征，又能表现出侧面的特征。所以，用斜侧角度拍摄出来的画面，有利于表现被摄对象的立体感和空间感。

（4）**反侧角度**。反侧角度是指由侧面角度环绕被摄对象向背面角度移动的拍摄位置。这种拍摄角度拍摄出来的效果图和斜侧角度的效果很相似。但并非所有商品都适合反侧角度这种拍摄，在展示男装商品肩部设计时反侧角度的应用较多。

（5）**背面角度**。背面角度是指摄像机处于被摄对象的背面位置时所拍摄出来的画面。这种拍摄方式在展示男装背面设计元素时常常会用到，如图 6-42 所示。

图 6-42 裤装后口袋设计的展示

2. 拍摄高度的选择

人像摄影中，相机的高度有重大的意义。这是因为相机从不同的高度拍摄，被拍摄者脸部所呈现的效果会有很大不同。如从脸部以下的位置拍摄，就只会把鼻孔拍进照片，所以在拍摄人像时应特别注意相机的高度。另外拍摄者还应该考虑自己的身高，相机高度可根据自己与被拍摄者的身高差来决定。通常相机置于不同的高度可以呈现出三种不同的结果，即平拍、仰拍和俯拍，如图 6-43 所示。

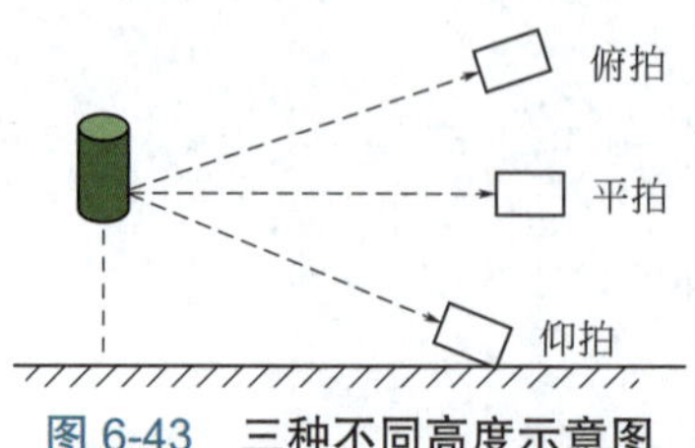

图 6-43 三种不同高度示意图

（1）平拍。平拍是指摄像机与被摄对象处于同一水平线的一种拍摄角度。平拍的优点是拍出来的画面平稳，不易变形，与买家的视觉经验相仿，更易于接受。相应地，这种拍摄方法也有其不足之处，例如画面中地平线处于画面的中央部分，易给人造成一种分割的感觉。在实际操作中如果将地平线放在正中的位置，则要选取适当的前景或者其他景物，打破这种呆板的感觉。

（2）仰拍。摄像机从低处向上拍摄，所拍出来的就是仰拍。仰拍适合拍摄高处的景物，能够使景物显得更加高大。影视教材中常用仰拍镜头，表示人们对英雄人物的歌颂，或对某种对象的敬畏，而且可以去除杂乱的背景，有很强的视觉冲击力。运用这种拍摄手法拍摄男装商品时，能更加凸显模特腿部的修长，容易给人造成长腿的视觉效果，因而在裤装产品的展示中经常会用到，如图 6-44 所示。

图 6-44 男装仰拍图

（3）**俯拍**。俯拍与仰拍刚好相反，摄像机由高处向下拍摄，给人以低头俯视的感觉。俯拍镜头视野开阔，用来表现浩大的场景，有其独到之处。俯拍和仰拍一样，都可以去除杂乱的背景，有很强的视觉冲击力。但是由于透视的关系，被摄的物体很容易变形。

3. 拍摄的距离

拍摄距离指相机和被摄体间的距离。在使用同一焦距的镜头时，相机与被摄体之间的距离越近，相机能拍摄到的范围就越小，主体在画面中占据的位置也就越大；相反，拍摄范围越大，主体在画面中所占的比例就越小。通常根据选取画面的大小、远近，可以把照片分为特写、近景、中景、全景和远景。具体到淘宝男装类商品的操作中，我们要根据情况选择，是要表现整体效果，还是要表现细节类的内容。当我们需要表现男装搭配等整体效果时，可以选择较远的距离，当表现服装的细节时，如领子的设计、扣子的细节时可以选择较近的距离拍摄。

（二）男装类商品假人模特类的拍摄技巧

淘宝男装店家中有一部分店铺会选择使用假人模特进行商品的拍摄。与真人模特相比，假人模特用黄金比例打造出来的身材，更能突显男装的形态，可全面展示商品本身的特征，同时给人遐想的空间。而且假人模特的价格相比真人模特要低，可以有效地减少拍摄成本。

假人模特的种类比较多，常见的有人体模特、雕塑模特与胚布人台。

1. 人体模特

人体模特，其比例外形与人类极为相似。在选择人体模特拍摄时，应区别模特本身造型及个性的差异，假人模特各有特点，或绅士或阳光，摄影师应根据实际需要选择所需的人体模特，如图 6-45 所示。

图 6-45　假人模特

2. 雕塑模特

雕塑模特如其名所示，非常类似于雕塑物，常见的多为白色或灰色，也有特别指定的颜色。由于属于艺术雕塑的范畴，雕塑模特比较抽象、冷峻，因此只能有限度地应用于各类流行商品。此外，这种模特能够突出商品本身，非常适合展示设计性很强的商品。如图 6-46 所示即为雕塑模特。

图 6-46 **雕塑模特**

3. 胚布人台

胚布人台是一种较厚且粗糙的布料，顶部与底座由木头制成，在男装中常被应用于西服这类面料硬挺的服饰，通过胚布人台的展示能更好地拍摄出服装的面料，如图 6-47 所示。

综上所述，应根据商品的属性特点以及自己的诉求慎重选择假人模特，选择得当时，假人模特也可以逼真、生动，同样可以吸引顾客的眼球。

（三）男装类商品平铺拍摄技巧

平铺拍摄在淘宝男装服装拍摄中占了相当大的比例，拍摄方法也相对简单，摄影师手持相机，使相机角度保持与地面水平后按下快门即可。出于稳定性考虑也可以选择支架固定相机来拍摄商品图，如图 6-48 所示。

平铺拍摄的衣服其摆放方法同样是拍摄成果好坏的关键。首先把衣服平铺在地面上，然后分步骤整理好衣领部位，同时为了让衣服看起来不是宽松无形的，可以将衣服的两边稍微向里面折一点，并让袖口向上翘，这样拍摄的效果能更有立体感；同理，让衣服的边角翘起来，可以通过捏、提的方式，让衣服上出现一些褶皱，更有利于服饰的形态展示，如图 6-49 所示。

图 6-47　胚布人台

图 6-48　利用支架平拍示意图

三、男装类商品的图片后期处理技巧

买家所看到的网店商品成品图需要经过后期处理再上传至店铺，只有经过后期处理的商品图才能对买家产生更大的影响力，让转化率提高。图片大小、偏色与亮度过暗等问题是商品拍摄的通病，因此面对这些问题，男装的后期处理与女装的处理方法是一致的。

在商品拍摄时因为环境光线的原因，经常会拍摄出颜色失真的照片。在商品展示过程中，图片的质量直接会影响商品成交的结果，如一张色差照片，会使买家对商品实物出现偏色认知。导致的结果无非两种，一种是客户流失，另一种是增加中、差评的概率。解决这类问题可以使用 Photoshop 中的“曲线”工具，其对于商品颜色调整比较简单有效。打开照片原图，如图 6-50 所示。

图 6-49 **男装造型图**

图 6-50 **原图**

复制图层，在新图层上选择“图像”→“调整”→“曲线”命令或按快捷键“Ctrl+M”，出现曲线对话框，如图 6-51 所示。

按住“Alt”键在网格内单击，可在大小网格之间切换显示，小网格更有利于精确调整。在调整时，“通道”设置为 RGB 模式，打开色阶后可看到的是一条斜的直线，左下角的点是暗调（黑色，数值为 0），右上角的点为亮部或高光（白色，数值为 255），在方框里还可以看到灰色的图片色阶图。

由于颜色偏亮需要调整图片亮度，所以鼠标在斜线上单击，在出现控制点后按住控制点向右下方调整，直至把颜色调整为合理色调，完成后保存即可，如图 6-52、图 6-53 所示。同理可得，当图片颜色出现过暗时，按住控制点向左上方调整，图片亮度将变亮。

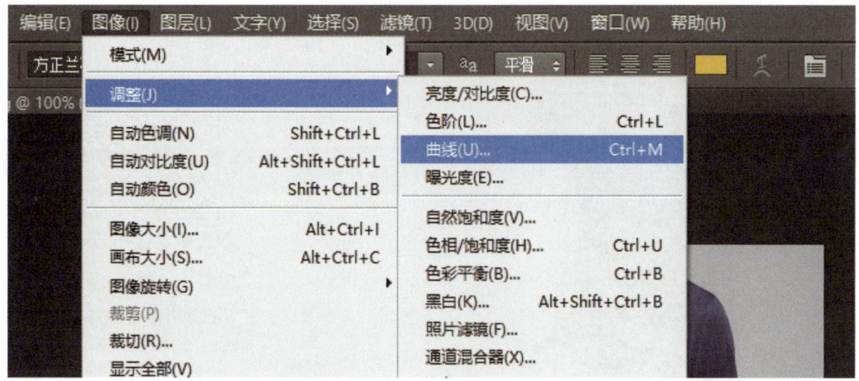

图 6-51　打开曲线工具

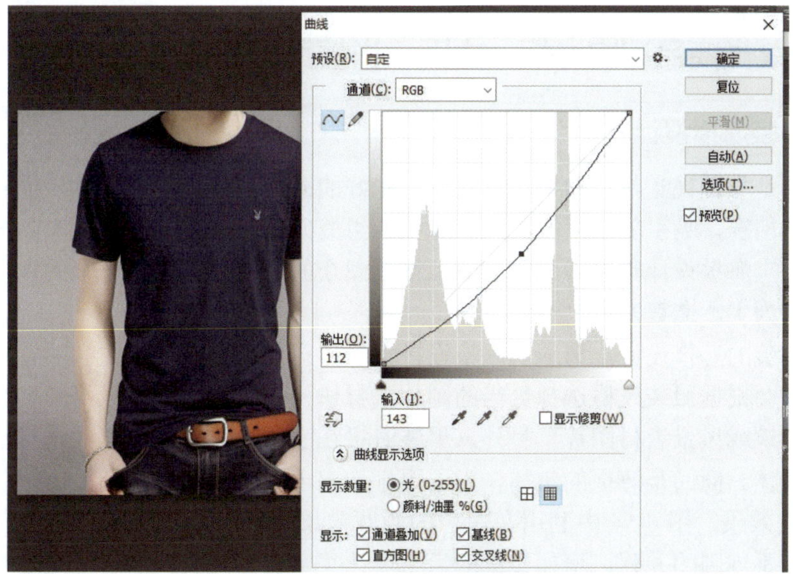

图 6-52　曲线工具调整

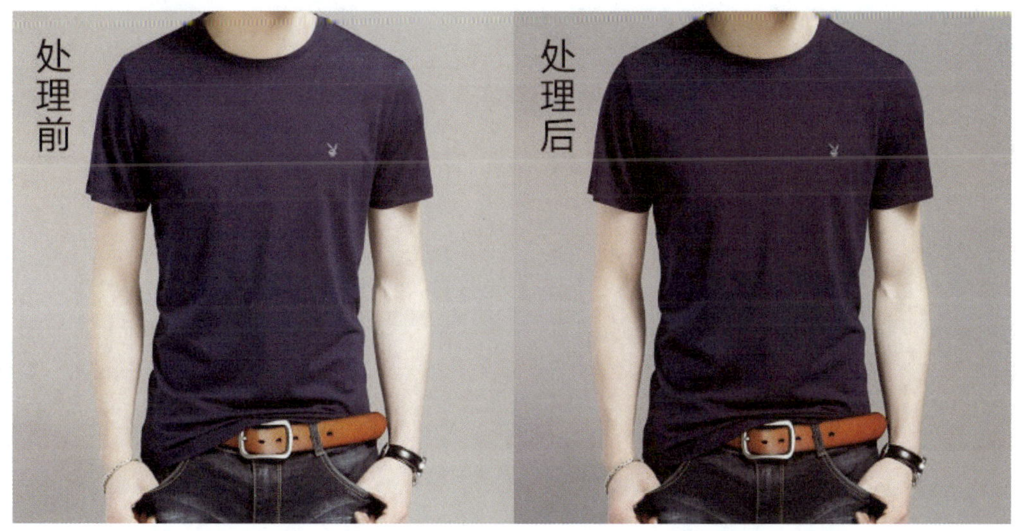

图 6-53　效果图对比

微课 6-6 男装颜色调整实操案例

M6-6 男装颜色调整操作视频

四、男装类商品淘宝海报、主图、详情页的设计

（一）男装海报设计

海报设计是一种视觉传达的表现形式，一张好的海报可以生动地传达店铺的产品信息和各类店铺活动情况，吸引受众买家关注。海报的组成元素一般包含背景、产品与文案等几部分，在进行淘宝海报设计时要考虑到店铺风格和观众的心理并需要有充分的视觉冲击力，内容精炼，以图为主，文案为辅，凸显主题。

相较于女装的海报设计，男装的海报设计背景选择上主要以简洁大方的背景为主，但也有一部分店铺会根据服装风格选择恰当的图片素材作为背景，如欧美风格的男装服饰海报就会选择欧洲建筑或风景素材图片。另外，男装海报在字体的选择上更偏向选择让人感觉硬朗的字体，如黑体。商品是海报的主体，为了更好地突出主体，还可以通过一些明暗处理来加强主体的视觉效果，图 6-54 中利用灰白色的朦胧效果弱化背景，将模特图放在右侧，文字排版上运用了不规则的并列，增加文案的活力，让买家在看完文案后将视觉顺利过渡到商品身上，才算达到理想的点击效果。

图 6-54 男装海报图

微课 6-7　男装海报制作实操案例

M6-7　男装海报制作操作视频

（二）男装主图设计

男性买家在购买服饰时相较女性买家，对质感的要求相对较高，因此在制作男装主图时，要注意在主图上体现出商品的质感，背景颜色选择浅色最佳，放置在主图中的商品高度一般是背景高度的 2/3 ～ 4/5，拍正面的商品时该比例建议为 2/3，商品宽度一般到背景的 4/5，具体的还要根据拍摄时的情况来进行确定。

另外，在进行男装主图设计时，建议不要将商品弄成不规则的图案，这样会给男性买家带来繁琐的心理暗示。当一件商品有多个颜色时不建议全部堆积在一张主图上，但有特殊情况必须同时展示时，这类由多色单品组成的主图要注重规律，页面要表现一种平衡性，可以通过摆放成品字形、扇形等方式，体现出一种创意。如图 6-55 所示，简洁的背景配上模特生动的演绎，更贴近男性买家的审美观。为了增加主图的吸引力，可以适当地将店铺的活动添加在主图上，假设店铺正在做包邮活动，那么可以添加“包邮”标签素材，将活动直观地通过主图传达给买家。

图 6-55　最终效果图

微课 6-8 男装主图制作实操案例

M6-8 男装主图制作操作视频

（三）男装详情页设计

商品详情页是网店营销的关键所在。通过做好商品详情页，可以突出商品的亮点，为网店吸引更多的流量。不管是淘宝男装还是女装或者任何一件淘宝商品，商品详情页都同样重要，对于男装商品详情页来说，其设计与制作的重点主要体现在以下几个方面。

1. 店铺活动

店铺活动可以是促销活动的通知或预告、新款上线的通知或预告，也可以是主推款式的海报。要想吸引买家的眼球，促使成交，就一定要想办法让买家看到店铺中商品的特色。作为男装详情页面的第一屏，通常以展示商品的海报为主，如图 6-56 所示。

图 6-56 店铺活动

2. *尺码面料*

男性买家对于尺寸图的要求不低于女性买家，很多退换货情况出现的原因就是卖家在描述尺寸的时候没做到具体仔细。对于卖家来说，在尺寸方面越采用接近用户认知的方式去描述、描述的内容越全面，就越能在更大程度上避免消费者的担忧，同时也降低了由于尺寸问题造成的退换货发生的频率。一般来说，面料的主要成分若是包含羊绒、羽绒，那么必须要有质检报告。此外，还需要有一些对产品的说明，包括材质、版型、弹力、柔软程度等，使用可视化图标可以节省买家了解产品的时间，同时提高信息的传达效率。如图 6-57 所示。

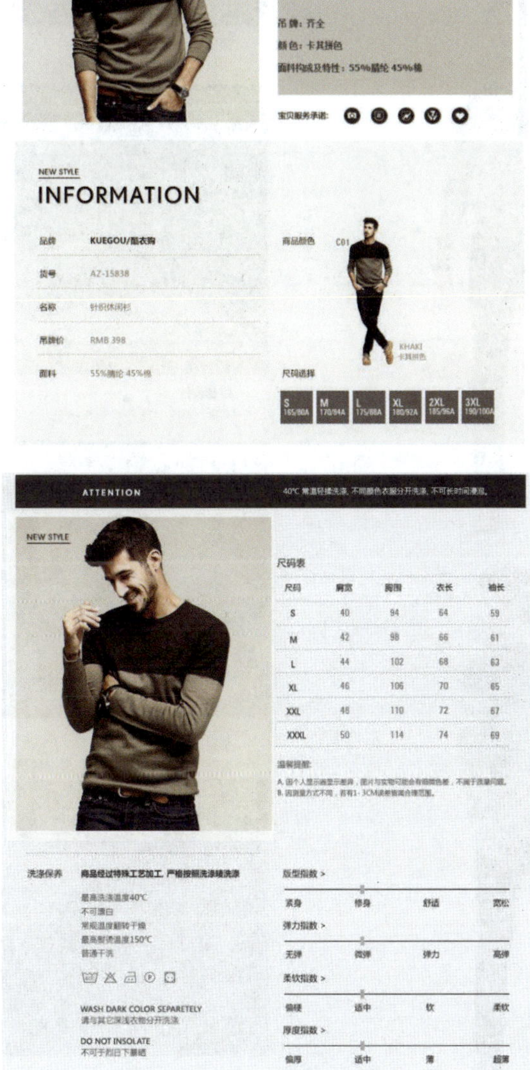

图 6-57　尺码面料

3. 展示图与细节图

男性买家购买服装时，对图片的需求情况会有所不同，其中细节图和产品图需求最大，卖家应尽可能全方位地描述商品，从模特图到实物图再到细节图，努力通过这些图片将商品真实、清晰、生动地展现在消费者眼前，如图 6-58 所示。

图 6-58 展示图与细节图

4. 品牌介绍

对于男装的客户，品牌和品质是关键。所以品牌的介绍也是必不可少的，主要突出品牌的文化、团队、工厂等信息。这样的展示能进一步提升男性买家对商品的好感与信任度，如图 6-59 所示。

图 6-59 品牌介绍

微课 6-9 男装详情页面料解析实操案例

M6-9 男装详情页面料解析操作视频

【相关知识】

一、背景布置

除了良好的光线条件，拍摄背景也不容忽视，干净整洁的背景能够突出产品。一般常见的是采用背景布 / 背景纸。

背景布 / 背景纸的选择要满足几个要点：①不反光，否则会给拍摄带来很大困扰；②防皱、材质细腻、厚实、大小合适；③因为卖的是衣服，所以背景纸一定要大一些，最小大约要 2 米 ×1.5 米。

一般情况下，专业的背景纸都能满足以上几点，但是背景纸防水及耐用性不高，成本就增加了。背景布耐用性好，但是易皱，建议买厚实一点的布，可适当熨烫再使用。

需要注意的是：背景颜色的选择非常重要，一般选择温和的颜色，有对比，但是对比又不要过于强烈，比如选择白色、米色、粉色、暗色系。

除了这些，还要配上一些漂亮的假花和小饰品作为衣服的装饰物，这样单调的衣服就会马上亮起来。也可以搭配一些围巾、包包等配饰，提高店里周边产品的销量。

另外，也可以选择天然木地板来衬托衣服。可以选择在未上漆的木地板上拍摄，因为木头的颜色是最自然的，能够衬托任何色彩而不抢过它。

二、产品摆放技巧

产品是整个图片的核心，产品摆放得好，可以让产品展示的效果锦上添花，更上一层楼，而这一切在于细节是否做到位。

细节一：产品拍摄前要整理熨烫好。

这是很重要的一个细节，刚进货的衣服由于折叠会比较皱，需要熨烫，普通的家用熨斗就已经够用了，当然如果有更专业的悬挂蒸汽熨斗更好。

细节二：商品摆放要一步到位。

例如，T 恤摆放技巧：从腋下位置延长至下摆，根据衣服的腰身顺势叠入背后，可能有的卖家要质疑这样是不是改变了商品的衣型，其实这样才是衣服最真实的形态，因为身体是立体的，商品穿到身上，正面看过去，腋下和侧身的部分是几乎看不到的。

细节三：搭配风格。

不同的服装要有不同的配饰来搭配，如果卖家的服装产品是想走清新风格的，在鞋子、配饰的搭配上可以选择一些可爱的小饰品、清新的花朵等做点缀，如果是想走爵士摇滚风格，可以加一些礼帽、乐器等做搭配。不同的搭配会带给大家不同的购物感觉。

细节四：摆放要生动。

衣服摆放时最好不要横平竖直地摆放在地上，可以选择倾斜一定的角度，这样能让图片看上去更生动。

细节五：摆放有立体感。

例如，把领口或者袖口像穿着时那样立起来，或者把衣襟撩起一点，以及把袖子或者衣服中间部分弄出个小褶，都可以很好地营造出一些立体感。

细节六：模特穿着。

同一款衣服，如果挂拍不能很好地显示出衣服的质感和形状，可以选择挂拍与真人模特相结合的方式，将挂拍图和真人服装模特图同时呈现在顾客的眼前，让他们自己去分辨。

【同步实训】

一、实训概述

本项目实训为服装类商品图片的拍摄及制作，学生通过本项目的学习，能够掌握服装类商品拍摄与后期处理的具体方法与技巧，并能完成商品的海报、详情页与主图的设计与制作。

二、实训素材

1. 装有 Photoshop 软件的电脑。
2. 女装与男装类商品、相机等。

三、实训内容

实训任务一 女装类

步骤 1：学生对女装类商品进行拍摄，在拍摄时注意突出商品的特点。
步骤 2：学生利用 Photoshop 对拍摄成果进行后期美化处理。
步骤 3：学生根据商品特点完成主图、海报以及详情页的设计与制作。

实训任务二 男装类

步骤 1：学生对男装类商品进行拍摄，在拍摄时注意突出男装类商品的特点。
步骤 2：学生利用 Photoshop 对拍摄成果进行后期美化处理。
步骤 3：学生根据商品特点完成主图、海报以及详情页的设计与制作。

四、考核评价

<table>
<tr><th>项目名称</th><th colspan="5">服装类商品</th></tr>
<tr><td>任务完成方式</td><td colspan="5">小组协作完成
个人独立完成</td></tr>
<tr><td>评价项</td><td colspan="4">评价点</td><td>总分值</td></tr>
<tr><td>女装类商品信息采编</td><td colspan="4">1. 拍摄女装时灯光的选择与利用是否恰当（10 分）
2. 拍摄前准备是否充分（5 分）
3. 拍摄的成果是否能突出女装商品的卖点（10 分）
4. 能否对拍摄成果进行恰当的后期美化处理（10 分）
5. 能否设计并制作出符合女装类商品要求的主图、海报以及详情页（15 分）</td><td>50 分</td></tr>
<tr><td>男装类商品信息采编</td><td colspan="4">1. 拍摄男装时灯光的选择与利用是否合理（10 分钟）
2. 拍摄男装时是否能根据不同的拍摄载体采取恰当的拍摄方式（10 分钟）
3. 能否对拍摄成果进行恰当的后期美化处理（10 分）
4. 能否设计并制作出符合男装类商品要求的主图、海报以及详情页（20 分）</td><td>50 分</td></tr>
<tr><td colspan="6">本主题学习单元成绩：</td></tr>
<tr><td>自我评价</td><td>（20%）</td><td>小组评价</td><td>（20%）</td><td>教师评价</td><td>（60%）</td></tr>
<tr><td colspan="6">存在的主要问题</td></tr>
</table>

【巩固与提高】

一、单选题

1. 反光板的使用中，除了要考虑角度、高低，还有（　　）因素。

A. 数量　　B. 强度　　C. 宽度　　D. 形状

2. 拍摄角度的选择主要包括：拍摄方向、拍摄高度以及（　　）。

A. 拍摄时间　　B. 背景的选择　　C. 拍摄距离　　D. 外物的干扰

3. 自然光拍摄的最佳时间段在（　　）。

A. 12 点至下午 2 点间

B. 13 点至下午 2 点间

C. 9 点至下午 12 点间

D. 10 点至下午 12 点间

4. 出于稳定性考虑可以选择以下哪个工具来辅助拍摄（　　）。

A. 长距镜头　　B. 高脚凳　　C. 反光板　　D. 三脚架

5. 常见的海报可分为两种，一种是尺寸为 1920 像素 ×500 像素 /1920 像素 ×600 像素的全屏海报，另一种尺寸为（　　）。

A. 750 像素　　B. 950 像素　　C. 650 像素　　D. 850 像素

二、简答题

1. 假人模特的种类有哪些？在实际应用中该注意哪些问题？

2. 服装拍摄中经常会用到哪些角度？

三、讨论题

1. 平铺拍摄中怎样才能摆出立体的造型？

2. 如何选择合适的服装模特？

四、实操题

教师提供一组由于拍摄不当导致商品图亮度过高的素材，学生根据教师的素材进行图片的后期修正，完成后以小组形式进行互评。

项目七

视频剪辑制作

电子商务的迅速崛起改变了人们的购物习惯，但是随着人们对网购的依赖程度越来越高，通过平面设计对产品进行展示的方式已经不能完全满足人们获取产品信息的需求，在这个时候，通过视频来展示商品的方式也就应运而生了。

电子商务网站视频的出现和应用，给原本单一的产品的展示方式提供了更大的创意空间。而且视频本身在消费者心中就有着“高大上”的形象，而正是这样的一种认知，使得拥有优秀视频的电商更容易获得消费者的青睐；同时视频制作的好坏，也逐渐成了评判商家店铺实力的一个相对重要的标准。所以越来越多的店铺选择制作视频来向买家展示商品、提升店铺形象。

【学习目标】

1. 知识目标

（1）了解淘宝视频的类型并能总结各个类型的特点；

（2）明确商品拍摄的基本流程，熟知每个流程对于视频拍摄整体的意义。

2. 能力目标

（1）能够熟练掌握视频拍摄的基本流程；

（2）能够根据商家要求，撰写淘宝视频拍摄的脚本；

（3）能够使用拍摄工具完成主图视频、首页视频以及详情页视频的拍摄任务；

（4）能够根据实际需求完成主图视频、首页视频和详情页视频的内容剪辑制作。

【任务分解】

任务一　淘宝视频认知

淘宝视频，是为了展示商品特点或者阐述卖家理念而策划制作的淘宝级广告。它是一种工具，是用来达到商家所期望效果的工具。所以，在拍摄视频之前，就需要对商品特点或者卖家开店理念有一个详尽的了解，然后通过整体视频创意的策划、拍摄镜头的设计以及后期剪辑的技巧，来进一步生动地将商家所要展示出来的信息通过视频表现出来。根据呈现的位置的不同，淘宝视频可以分为 3 大类。

一、主图视频

商品详情页首屏第一个商品主图位置出现的视频，就是主图视频。如图 7-1 所示。由于产品的主图位置是买家进入详情页的第一眼所见，因此主图以影音视频的方式呈现，将大大增加消费者在店铺的停留时间，同时会使得商品卖点特性表现得更直观。如某金属支架的主图，商家通过拍摄在支架上不同质量的重物悬挂视频，形象地体现了支架结实耐用的特点。

消费者通过主图视频，对产品的质量产生了直观的认识，从而提升了消费者的购买欲望，提高了店铺的转化率。

图 7-1　某女装详情页主图

二、商品描述视频

商品描述视频即商品详情页视频，主要是放在商品描述页面，与静态的图片相结合，对商品有一个更加全面的展示，通常商品描述视频大体可以分为 5 种类型。

1. 功能类

介绍商品如何使用或者如何组装等，使得买家对于商品的功能或者使用方法有更加直观的了解，适宜具有功能的类目或需要组装的产品，如图 7-2 所示是山地自行车的组装视频。

图 7-2　山地自行车详情页组装视频

2. 展示类

展示商品的动态效果，使买家能够更加直接地看到商品，适宜商品类型有服装、箱包、鞋等，如图 7-3 所示。

图 7-3　女装店铺详情页街拍视频

3. 流程类

对商品的产地、选材及加工过程进行展示，适宜商品类型有食品、保健品、婴儿用品等，如图 7-4 所示。

图 7-4　牛肉干制作工艺视频

4. 概念类

将商品的理念通过艺术的拍摄方式或者故事情节展现出来，适宜商品类型有化妆品、香水等，如图 7-5 所示。

图 7-5　香水详情页概念类视频

5. 直销类

由直销人员对商品的各个特点进行介绍，适宜商品有家纺、饰品、电子产品等，如图 7-6 所示。

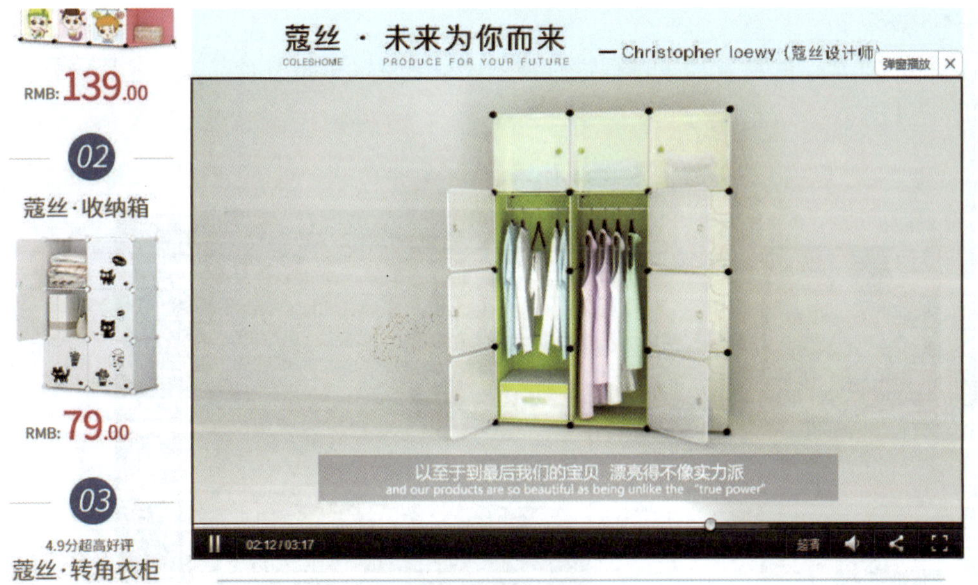

图 7-6　家具详情页产品特点讲解视频

当然，有很多类目适宜多种拍摄形式，这里也只是简单举例。在实际的拍摄过程中，商品视频拍摄形式的选取要与商品描述相结合，取长补短，这样才能够更加多面地展现商品的特性。以珠宝饰品为例，商品描述中用到的饰品图片主要是商品详情，同时，商品描述也已经阐述了商品的细节及整体的穿戴效果，那么在视频的拍摄形式上可以选择概念类。通过对一个佩戴首饰女性形象的塑造，筹划视频拍摄的镜头，将饰品的设计理念融入到视频里，让买家在感性上和理性上对商品都能够有更加充分的认识，从而提升商品在买家心中的价值，如图 7-7、图 7-8 所示。

图 7-7 某饰品详情页视频内容展示 1

图 7-8 某饰品详情页视频内容展示 2

商品描述视频的长度不宜太长，否则会导致加载缓冲速度变长，同时过长的视频使得买家不会耐心去看。所以，视频的时长一般控制在两分钟以内，最好是一分钟左右。

三、首页宣传视频

顾名思义，首页宣传视频就是放置于店铺首页用于店铺宣传的视频。好的首页宣传视频可以大大提高买家对于店铺的认同感，增加店铺被收藏的概率。如图 7-9 所示为女装店铺的首页宣传视频，内容讲述的是该店铺品牌时装出现在巴黎时装周上，模特身穿该品牌服饰参加走秀的现场视频。因为在大家心目中，巴黎时装周所展现的时装品牌都会有非凡的设计和品味，把该视频放在首页去宣传，可以使观看该视频的消费者对店铺所出售的商品产生信赖和追捧，从而帮助店铺更好地销售商品。

图 7-9 某女装店铺首页宣传视频

以上介绍了淘宝视频的三种类型，那么如何去评判一个视频是否优秀呢？通常，一个好的宣传视频，首先，要有店铺理念。店铺理念就是宣传视频的灵魂，只有有了灵魂，才能扣住人心，视频的所有镜头与文案都要围绕店铺理念来设计。其次，与店铺的整体装修风格吻合。表现店铺理念的宣传视频一定要符合店铺的装修风格，这样才能在买家心中营造出店铺的品牌感。符合这两点的视频，必然会是一个好的宣传视频。

任务二 淘宝视频的制作

一、淘宝视频制作的流程

淘宝视频的拍摄和制作，涉及多个岗位的协调和配合，为了提高视频制作的效率，按照一定的流程顺序执行，能够大大地提高工作效率。

1. 沟通和了解

在制作之前，视频拍摄人员需要和卖家进行详尽的沟通，了解产品的整体特性、卖家对于产品的理解，以及卖家制作视频的意图。淘宝视频的拍摄目的，还是要为商品进行服务，所以，有效的沟通和了解，可以帮助创作人员加深对产品的认知，和卖家的交流过程也会开阔创作人员的创作思路。

2. 策划和创意

在充分的沟通和了解以后，创作人员需要对整个视频进行策划，策划的内容包括对于卖家视频制作意图的修改和建议、视频的文案创作以及拍摄内容的创意等。

淘宝视频的特点是时长短、信息量大、内容精炼，所以在创作出文案以后，一定要准备好拍摄脚本。因为，视频的拍摄并不完全是靠现场的创作，在拍摄现场越是井井有条的剧组，工作效率也就越高。拍摄脚本就是让现场有条不紊地进行拍摄的基石。一份好的拍摄脚本，可以降低现场执行时的错误发生概率，提高现场的工作效率，而且最重要的一点是可以避免因为漏掉镜头而导致需要再花时间去补拍的情况发生（表 7-1）。

表 7-1 某文具广告拍摄脚本

场号	镜头号	景别	手法	内容	字幕	备注
1	1	远景	摇	女孩儿从远处走过来		
1	2	特写	定	女孩儿闻花香	你青春、恬美	
1	3	近景	定	女孩儿低头看书，然后拿起书羞涩地笑		
2	4	特写	定	铅笔在纸上写字		
1	5	近景	定	女孩儿闻树上的花	笔端下奔腾着你的想象	
1	6	近景	定	女孩儿抬头看阳光		
3	7	近景	移	女孩儿坐在咖啡馆内看书	你烂漫、娴静	
3	8	特写	定	铅笔在纸上写字		有前景
3	9	特写	定	女孩儿咬笔		
3	10	近景	摇	铅笔在纸上写字	文字里跳跃着你的睿智	
3	11	近景	定	女孩儿微笑		
3	12	近景	定	铅笔在纸上写字	你用笔尖书写青春	
3	13	近景	定	女孩儿抬眼看向窗外	而我……	
3	14	近景	定	书本合上，铅笔和书放在桌面上	用生命为你留存	

如表 7-1 所示，在这份拍摄脚本中一共涉及 3 个场景、14 个镜头，内容方面包括：场号、镜头号、景别、拍摄手法、内容、旁白字幕、备注等多个事项。

（1）场号。场号是表示该镜头所处场景的编号，在本例中一共将场景分成 3 个：公园、教室和咖啡馆。为了压缩时间成本，一般把同一场景内的内容拍摄完成后会到下一个场景进行拍摄，所以编好场景号对于拍摄统筹来说非常重要，有助于该场景下拍摄镜头的编排和完整性。

（2）镜头号。镜头号是在现场使用最频繁的一项数据，一个镜头代表了广告中的一个画面，现场如果用每个镜头的内容来标记镜头会非常麻烦，所以这个编号能够很好地代表镜头。对于需要场记的广告来说，镜头号是后期唯一识别每个镜头的标识。

（3）景别。主要包括远景、中景、近景、特写、大特写等，是画面与被摄主体间关系的表现，也是观众与被摄主体之间距离的表现，不同的景别表示了不同镜头语言和不同气氛。

在拍摄脚本中出现是为了体现创作团队在创作画面时的想法，也为了导演和摄像之间的顺利沟通。

（4）手法。主要是指推、拉、摇、移、定等不同类型的拍摄手法，每种手法都有自己的表述语言，这和文学中的比喻、排列这些修辞手法一样，具有对镜头内容修饰的效果。在设计每一个镜头时都要考虑到镜头所需要表达的语言以及含义来选择合适的拍摄手法。

（5）内容。顾名思义就是该镜头所要表现的具体画面，可长可短，不过建议大家在广告拍摄中尽量不要将每个镜头设计得过长，除非使用“一镜到底”这种手法，否则很容易让观众产生疲劳感。所以，在设计时需要根据广告的整体风格，比如，广告是快节奏还是慢节奏，来选择每个镜头的时长和内容。

（6）旁白（字幕）。这一部分内容可以是旁白也可以是字幕，通常对画面进行补充说明或是为镜头增光添色，设计时注意旁白，切不可画蛇添足，让这些成为画面的负担。

（7）备注。这一部分主要是对每个镜头需要注意的事项进行说明，或者对每个镜头中添加的内容另作备注等。

3. 前期准备

策划和创意经过卖家许可后，要对整个视频的所有拍摄场景、道具、人物及设备进行规划，并以此制定拍摄准备工作流程表（表 7-2）。

表 7-2 视频拍摄准备工作流程表

拍摄前准备工作流程				
涉及内容	具体任务	负责人	时间节点	完成情况
产品拍摄	1. 与负责人商讨确立本次产品的拍摄风格			
	2. 拍摄试光、拍摄准备以及模特造型准备工作			
产品信息采集	1. 完成产品的基础信息采集工作			
	2. 产品货号记录及款式分类			
	3. 产品测量			
产品拍摄准备	1. 整理需要拍摄的产品及记录下产品货号，方便信息表格的建立			
	2. 完成整理、归类、挂烫等产品拍摄前的相关工作			
	3. 协助产品摄影做款式配设时间安排			
产品搭配	1. 产品搭配			
	2. 产品搭配记录表制作			
最终显示工作成果：产品目录表、产品尺寸表、所拍产品记录表、产品搭配记录表				

4. 拍摄

拍摄在前期准备工作完成后，严格按照拍摄计划表执行拍摄任务。当然，拍摄途中可能会因为一些特殊条件而出现些许变动，并进行相应的调整。拍摄内容也照分镜进行，如果在拍摄期间有比较好的创意，可以在完成分镜拍摄内容以后补拍，然后将补拍内容和创意记录在场记本中。

5. 剪辑及渲染

拍摄完成后，将所有素材导入计算机，并按照场记本的内容进行剪辑。

如图 7-10 所示为会声会影 X8 工作界面。在实际的视频剪辑过程中，主要用到的有“视频显示区”“素材区”和“多媒体素材编辑区”三个区域。其中，视频显示区可以查看要编辑多媒体素材的时间和画面，方便编辑者剪取所需要的视频片段或音频片段；素材区就是为此次视频剪辑所准备的素材，剪辑者将素材资料准备好之后，导入到素材区，可以方便随时取用；多媒体素材编辑区，就是对所有的多媒体素材进行编辑、剪切、合成操作，是视频后期处理的主要操作区域。

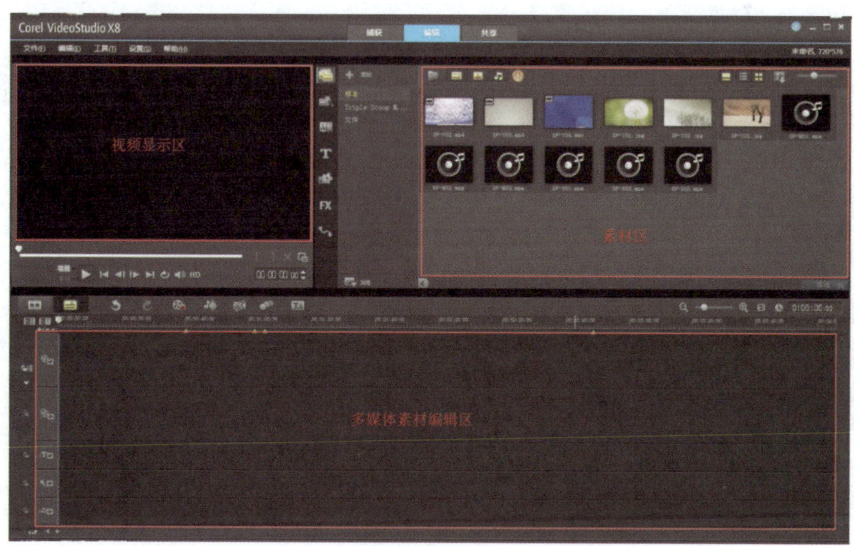

图 7-10 会声会影 X8 主要功能区介绍

在导入多媒体素材之前，需要先添加一个工作组，并给这个工作组命名。这样做可以对要进行的工作进行很好的分类，避免遇到多个视频需要剪辑的时候发生混乱，如图 7-11 所示。

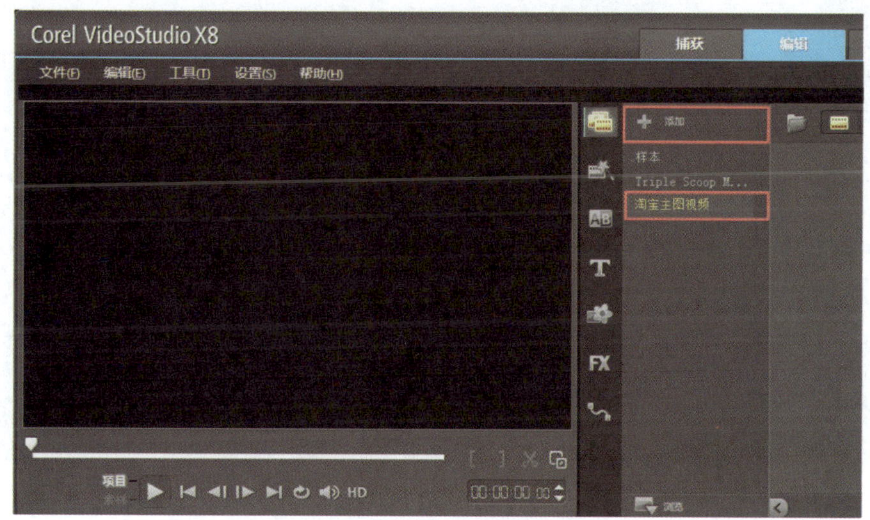

图 7-11 建立淘宝主图视频工作区文件

下面我们仅用图片素材的方式，来制作一个主图视频，让大家了解会声会影 X8 的基本工作方式和视频制作的基本步骤。

步骤 1：导入多媒体素材。

如图 7-12 所示，点击文件夹按钮，打开事先准备好的图片素材包，将准备好的图片素材导入到素材区。

步骤 2：将素材导入到多媒体素材编辑区。

如图 7-13 所示，单击选中要编辑的素材资源，然后直接拖入到会声会影 X8 视频编辑区域。

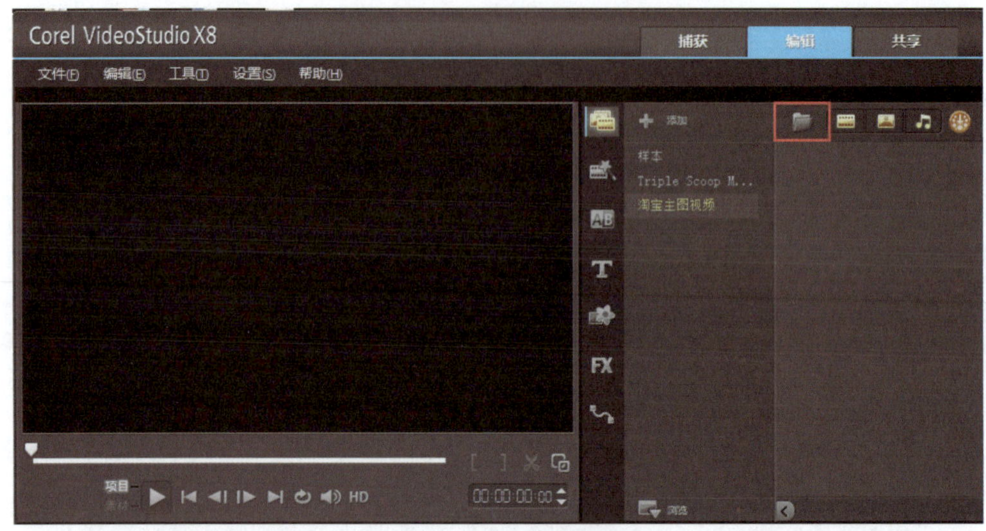

图 7-12　导入多媒体素材

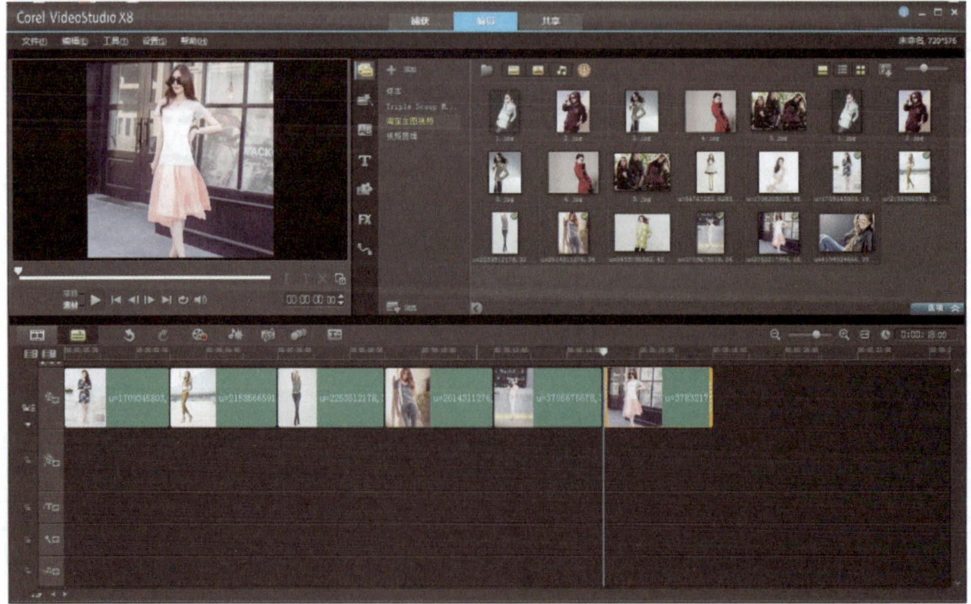

图 7-13　将素材拖入视频编辑轨

步骤 3：编辑视频素材。

如图 7-14 所示，在素材的上方，有一条时间轴。在这里，我们可以根据每个素材在时间轴上的长度，清楚地了解到每个图片素材在最后的视频中所显示的时间长度，同时还可以查看素材整体的时间。

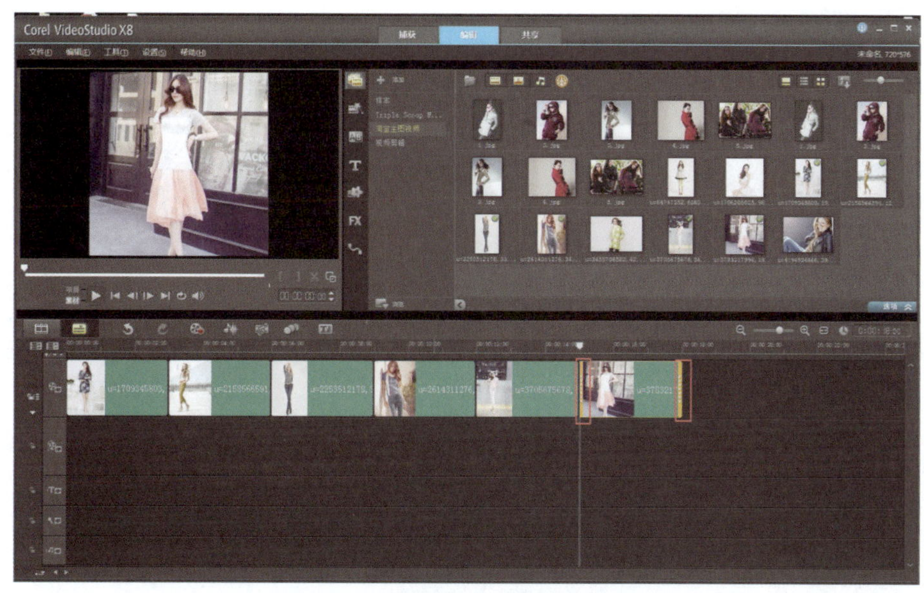

图 7-14　会声会影 X8 视频时长轴

单击视频编辑区域的某一图片，会在图片的两端出现一个黄色的时长编辑框。点击鼠标左键，按住并左右拖动，就可以对该图片在视频中所占时长进行编辑，如图 7-15 所示。

图 7-15　素材时长编辑框

重复上一步操作，编辑所有的素材，如图 7-16 所示。

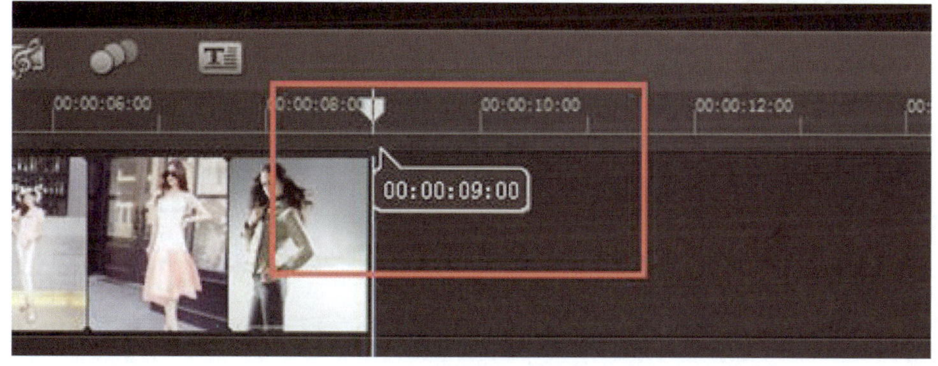

图 7-16　9 秒主图视频编辑结果

步骤 4：保存。

点击会声会影 X8 最上面的“共享”按钮，选择“自定义”，选择格式为“.avi”格式，如图 7-17 所示。

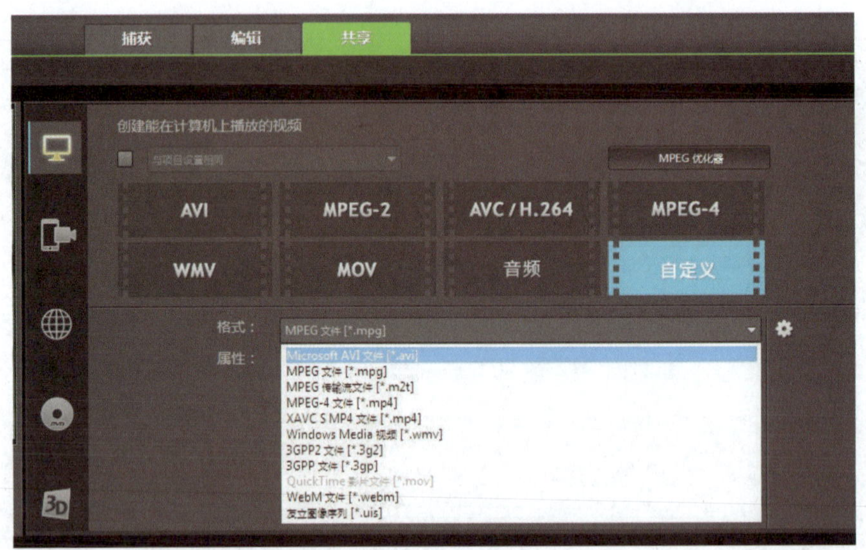

图 7-17　自定义格式

然后，点击格式最右面的格式“选项”按钮，如图 7-18 所示。将帧的大小选择为“自定义”，然后设置宽度和高度为：“800×800”，然后点击“确定”。

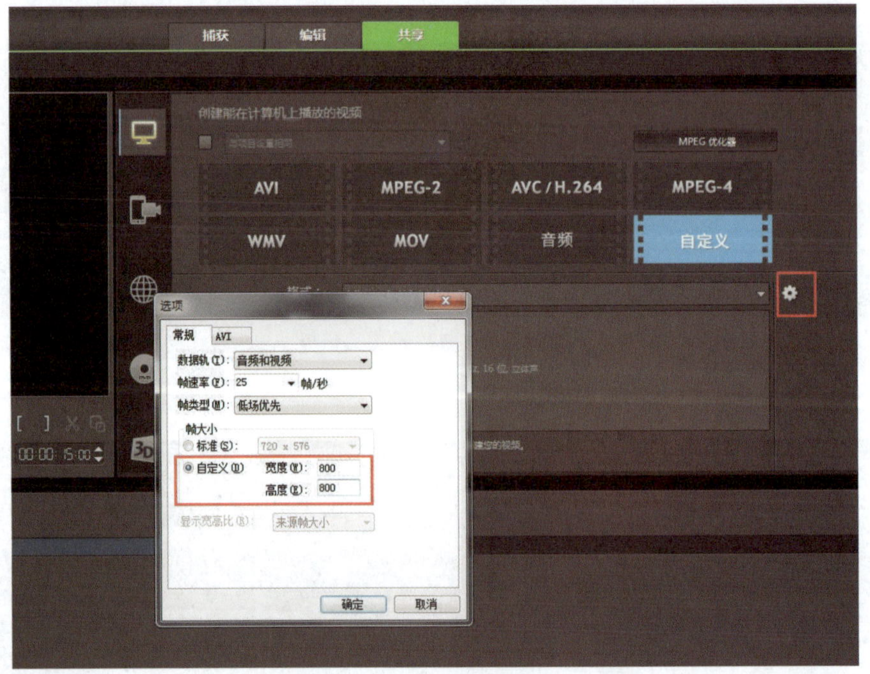

图 7-18　设置素材高度和大小

点击保存，选择文件的输出路径，并给文件命名，然后点击“确定”，对视频进行渲染，出现如图 7-19 所示的提示框，显示渲染成功。这样，一个简单的主图视频就制作完成了。

图 7-19 渲染完成

在熟悉了会声会影 X8 的基本功能和操作步骤后，下面我们来将多种媒体类型制作在同一个视频中。

首先，还是将预先准备好的素材资源导入到会声会影的素材区；然后单击选中需要编辑的素材，直接拖入到视频编辑功能区。

在会声会影 X8 视频显示区下方，有一个视频的播放进度条，可显示视频播放的进度。同时，在进度条右侧，有一个“[]”形状的图形，这个图形的功能是用来标记截取视频。有时候拍摄的视频较长，而编辑人员只想要其中某一个片段时，就可以用此功能。在使用的过程中，首先点击视频播放，然后播放到编辑者想要的内容段后，点击“[”做起点标记，点击“]”做终点截取。这样就可以把这一段视频从整个大的素材资源中截取出来，和其他的视频镜头进行拼接，如图 7-20 所示。

图 7-20 截取功能介绍

音频编辑的方法，和视频编辑的方法一样。首先，将要给视频做的配音导入到声音编辑区，编辑人员可以直接截取整个音乐素材的某一片段，如图 7-21 所示。也可以将不同的素材截取某一小段，然后自主进行拼接，从而达到自己想要的效果。点击素材并按住鼠标，就可以将声音素材在对应的声音处理轨上进行拖动，从而调整音频播放的时间起点。

图 7-21 导入音频文件

有时，在视频中，我们可能还需要一些文字的衔接和解释说明。点击会声会影中“T”字按钮，可以进行文字编辑。会声会影自带了很多文字动画效果的展示，可以插入到视频界面，编辑人员根据内容和镜头需要，编辑文字出现的时间和文字结束的时间。

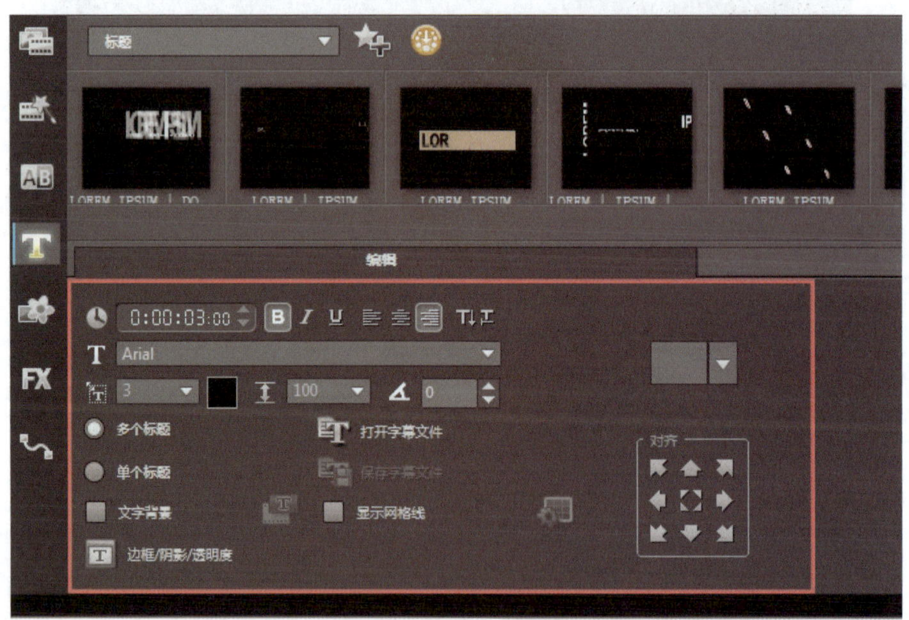

图 7-22 添加视频文字

如图 7-22 所示，在红色的选框内，我们可以对视频内的文字字号的大小、字体的类型以及字体位置等进行编辑。编辑者可以根据自己的视频内容，编辑事先撰写的文案内容。同时，也可以用鼠标直接拖动视频显示区上面的文字位置，使文字出现在指定的位置。

图 7-23　效果预览

点击播放，可以预览效果，如图 7-23 所示，同时查看音频、文字和画面的衔接是否有差错，是否达到了预期的效果。如果没有问题，就可以对文件进行保存和渲染了。

二、淘宝视频的上传

在视频成品渲染完成后，就需要将视频上传到网上。这里建议上传到淘宝视频，因为这里上传是完全免费的，而且在视频播放时没有广告，这点非常重要。登录淘宝视频的网站就可以上传了，如图 7-24 所示。

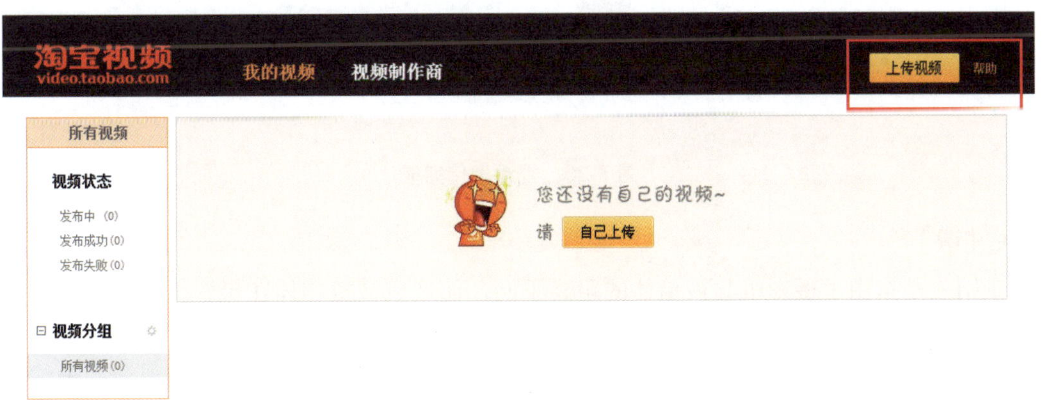

图 7-24　淘宝视频上传

单击“上传视频”，按照上传视频的要求，填写视频的基本信息，并将视频在管理分组里设置好分组，方便后期调用，如图 7-25 所示。

等视频全部上传完成，如图 7-26 所示，单击“保存并发布”按钮，就提交到淘宝进行审核。审核需要等待一到两天，通过后，即可在“我的视频”里查看到通过审核的视频。

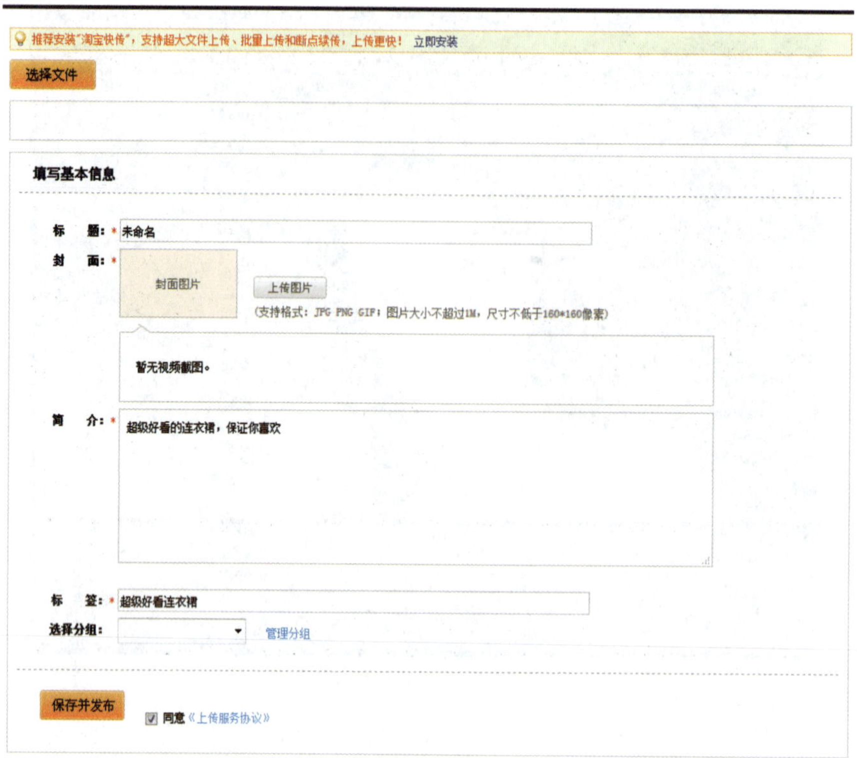

推荐安装"淘宝快传"，支持超大文件上传、批量上传和断点续传，上传更快！ 立即安装
选择文件
填写基本信息
标　题：* 未命名
封　面：*
封面图片
上传图片
(支持格式：JPG PNG GIF；图片大小不超过1M，尺寸不低于160*160像素)
暂无视频截图。
简　介：* 超级好看的连衣裙，保证你喜欢
标　签：* 超级好看连衣裙
选择分组：
管理分组
保存并发布
同意《上传服务协议》

图 7-25　填写视频基本信息

淘宝视频
video.taobao.com
我的视频
视频制作商
上传成功！
亲，视频正在转码与审核，请耐心等待！
您可以：
查看视频状态
继续上传视频

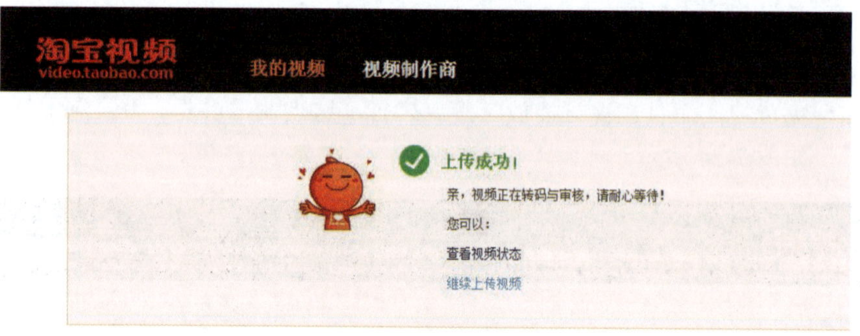

图 7-26　视频上传完成

【相关知识】

景别就是指由于摄影机与被摄体的距离不同，而造成被摄物体在摄影机记录器中所呈现出的范围大小的区别。当被摄物体在画面中只占很小的一部分时，观众更多地会注意到整个画面中的环境及主体的状态，而当画面中出现的是被摄物体的某个局部时，观众会去注意物体的细节或是情感，这就是景别给观众带来的感官上的不同。在淘宝视频拍摄脚本的创作过程中，创作人员需要事先对景别有基本的规划，比如哪些镜头需要拍整体、哪些镜头需要拍局部，这样摄影人员和灯光布景人员就可以根据脚本事先制定的景别类型，选择用什么样的镜头和灯光布局等。通常淘宝视频常用的景别有 5 种，分别为：全景、中景、近景、特写和大特写。

一、全景

全景镜头相当于观众到正统舞台的距离，用来表现场景的全貌或者是演员的整体形象，包括体型、衣着、人物形态、环境、道具等，是一场戏最初的场景建立镜头。图 7-27 所示为某女装羽绒服全景图示例，镜头表现了羽绒服和周边环境的关系，以及模特体态等元素。

图 7-27　全景示例

二、中景

中景主要是将画面控制在人物的膝盖以上或者是场景的局部。中景是叙事功能最强的一种景别。中景的特点决定了它可以更好地表现人物的身份、动作及动作的目的。如图 7-28 所示为中景示例。

图 7-28　中景示例

三、近景

近景的屏幕形象是近距离观察人物的体现，画面视觉范围较小，观察距离相对更近，人物和景物的尺寸足够大，细节比较清晰，所以非常有利于表现人物的面部或者其他部位的表情神态、细微动作及景物的局部状态，这些是大景别画面所不具备的功能。如图 7-29 所示为近景图示例。

图 7-29 近景示例

四、特写

特写是画框局限于人物的肩部以上或是物体局部的景别。特写的景别比近景让物体更加靠近观众，能够体现产品的细节优势等。如图 7-30、图 7-31 所示为特写示例。

图 7-30 特写示例 1

图 7-31 特写示例 2

特写镜头会让被摄人物或者物体有放大效果，会夸张人物或物体的重要性，会暗示其有象征的意义，能让观众不得不把视觉集中，近距离仔细观察，有利于细致地对景物进行表现，也更易于被观众重视和接受。

五、大特写

大特写一般会把镜头推到极小的一个部位。如图 7-32 所示为大特写示例，内容为该羽绒服所使用的鹅毛特写。这种大特写镜头一般运用得比较少，但经常能够让产品的细节表现得更加充分。

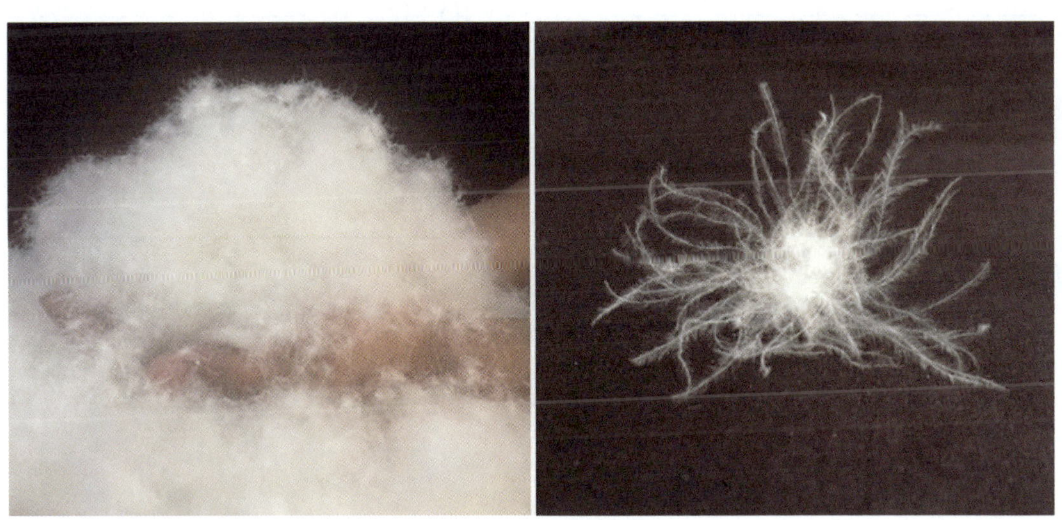

图 7-32 大特写示例

【同步实训】

一、实训概述

本章实训为商品视频的剪辑制作，学生通过本章的学习，能够掌握视频剪辑制作的具体方法与技巧，并能够根据店铺风格，制作出复合要求的视频。

二、实训素材

1. 装有会声会影软件的电脑；
2. 拍摄视频所用到的摄影器材等。

三、实训内容

任务　视频剪辑

步骤 1：学生将需要剪辑的视频和其他多媒体资料导入电脑；
步骤 2：学生利用会声会影 X8 软件对视频等多媒体素材进行剪辑制作；
步骤 3：预览效果，并在淘宝视频里完成上传。

四、考核评价

<table>
<tr><th>项目名称</th><th colspan="5">视频剪辑制作</th></tr>
<tr><td>任务完成方式</td><td colspan="5">小组协作完成
个人独立完成</td></tr>
<tr><td>评价项</td><td colspan="4">评价点</td><td>总分值</td></tr>
<tr><td>视频剪辑制作</td><td colspan="4">1. 是否熟悉视频剪辑软件的主要功能（10 分）
2. 是否了解淘宝视频的类型和特点（15 分）
3. 是否了解视频拍摄的基本流程（15 分）
4. 是否能够完成主图、首页视频和产品详情页视频的拍摄任务（30 分）
5. 是否能够根据实际需要，剪辑制作出符合要求的视频（30 分）</td><td>100 分</td></tr>
<tr><td colspan="6">本主题学习单元成绩：</td></tr>
<tr><td>自我评价</td><td>（20%）</td><td>小组评价</td><td>（20%）</td><td>教师评价</td><td>（60%）</td></tr>
<tr><td colspan="6">存在的主要问题</td></tr>
</table>

【巩固与提高】

一、单选题

1. 下列哪一项不是淘宝视频的类型（　　）。
A．主图视频　　B．首页视频　　C．小视频　　D．详情页视频
2. 对淘宝视频最准确的定义为（　　）。
A．就是几张图片的连续播放
B．是由主图视频、首页视频、详情页视频构成的视频
C．是一个有故事情节的视频
D．是一个完整的淘宝级广告
3. 淘宝主图视频要求的时长为（　　）。
A．6 秒　　B．8 秒　　C．9 秒　　D．1 分钟以内
4. 用会声会影保存制作好的视频时，通常要将其保存为（　　）。

A．.avi 格式　　B．.mvp 格式　　C．.wmv 格式　　D．.mp4 格式

5. 用会声会影将视频剪辑制作完成后，需要将视频的长宽设置保存为（　　）。

A．400×400　　B．720×720　　C．800×800　　D．725×425

二、简答题

1. 视频拍摄前需要进行哪些准备？
2. 淘宝视频拍摄制作的基本流程是什么？

三、讨论题

1. 视频拍摄过程中需要注意什么？
2. 视频拍摄和图片拍摄有哪些区别？

四、实操题

教师提供一组拍摄的视频，要求学生对视频进行剪辑制作和后期处理，制作完成后，小组成员互相进行评分。

参考文献

[1] 郭占锋. 商品信息采编与专业优化 . 北京：人民邮电出版社 , 2016.
[2] 孙天慧 . 商品信息采编：商品拍摄与图片处理 . 上海：华东师范大学出版社 , 2018.
[3] 金莉萍 . 电子商务商品信息采编 . 上海：华东师范大学出版社 , 2016.
[4] 孟彧 . 商品信息采编 . 北京：人民邮电出版社 , 2020.
[5] 莫丽梅 . 商品拍摄与图片处理 . 北京：机械工业出版社 , 2018.
[6] 郑向虹 . 网店商品拍摄与图像后期处理实战教程 . 北京：人民邮电出版社 , 2017.
[7] 殷英 . 商品拍摄与图片处理 . 北京：电子工业出版社 , 2017.
[8] 吴玉红 . 商品拍摄与图片处理 . 北京：北京师范大学出版社 , 2020.
[9] 丛日东 . 商品拍摄与图片处理 . 北京：外语教学与研究出版社 , 2017.
[10] 刘俊华 . 网店商品拍摄与图片处理 . 北京：人民邮电出版社 , 2019.
[11] 顾桢 . 商品拍摄与图片处理 . 北京：中国人民大学出版社 , 2018.
[12] 谢新华 . 网店商品拍摄与图片处理 . 北京：人民邮电出版社 , 2015.
[13] 黄文莉 . 网店商品拍摄 . 北京：机械工业出版社 , 2017.
[14] 安雪梅 . 皇冠网店商品拍摄技法与实战 . 北京：清华大学出版社 , 2017.
[15] 陈勤 . 淘宝、天猫、微店商品拍摄与美图处理 . 北京：人民邮电出版社 , 2016.
[16] 河野铁平 . 数码单反摄影实力派：专业级照片的拍摄技巧大全 . 邓楚泓译 . 北京：中国民族文化出版社 , 2014.
[17] 刘君武 . 静物与产品摄影——布光、拍摄与修图技法 . 北京：电子工业出版社 , 2020.
[18] 翁国秀 . 淘宝美工从入门到精通 . 北京：人民邮电出版社 , 2016.
[19] 曹天佑 . 网店美工——网店视觉设计实操指南 . 北京：清华大学出版社 , 2017.
[20] 缪亮 . 让淘宝店铺更吸引人——精通 Photoshop 网页美工设计 . 北京：清华大学出版社 , 2019.
[21] 曹培强 . 网店美工实操：淘宝天猫店铺设计与装修 . 北京：电子工业出版社 , 2018.
[22] 闫寒 . 网店美工视觉设计实战教程 . 北京：人民邮电出版社 , 2018.